AF640494

Saba-Nur Cheema
Meron Mendel

Muslimisch-jüdisches Abendbrot

Saba-Nur Cheema Meron Mendel

Muslimisch-jüdisches Abendbrot

Das Miteinander in Zeiten der Polarisierung

KIEPENHEUER & WITSCH

Eine Ehe ist kein politisches Projekt – oder?

Vorwort

Der 7. Oktober 2023, der Tag des Massakers der Hamas in Israel, hat unser Leben verändert. Als die ersten Nachrichten kamen, begannen wir, um Familie und Freunde zu bangen, die nicht weit entfernt vom Gazastreifen lebten. Der Verlust von Menschen, die wir geliebt haben, die Sorge um die Zukunft derer, die noch da sind, begleiten uns bis heute.

Nach und nach merkten wir, dass der Terrorangriff und der daraus folgende Krieg auch unser Berufsleben tangiert. Der Konflikt »dort« wurde und wird nun auch an deutschen Universitäten, in der Kunst- und Kulturszene und auf den Straßen ausgetragen. Die Gräben zwischen den scheinbar homogenen Gruppen der propalästinensischen Muslime und proisraelischen Juden sind kaum zu überbrücken. Wir, ein muslimisch-jüdisches Paar, sind auf einmal ein »Zeichen der Hoffnung«, wie uns einige Bekannte, aber auch viele Unbekannte gesagt oder geschrieben haben. Unser Eheleben als Vorzeigebeispiel für das Miteinander in der polarisierten deutschen Gesellschaft? Neben Bewunderung haben einige

Freunde Sorgen bekundet: Wird eure Beziehung diese politische Belastungsprobe überstehen? Manche sprachen uns ihr Mitleid aus – es müsse einer Muslimin doch schwerfallen, ihre »echte Meinung« in einer solchen Beziehung zu äußern. Eine Boulevardjournalistin »enthüllte«, dass der Jude Meron Mendel »islamischen Juden- und Israelhass« herunterspiele und daran wohl die Ehefrau Schuld habe.

Seither erreichen uns viele Anfragen von Schulen, Theatern, Universitäten und Stiftungen – sogar Rotary Clubs und Freimaurerlogen kontaktieren uns. Sie laden uns ein, zu Vorträgen, Workshops, Podiumsdiskussionen, oder aber wir sollen gleich ein ganzes Kultur- und Bildungsprogramm für sie konzipieren. Zwar sind die Themen unterschiedlich, doch haben alle ein ähnliches Anliegen: Wie schaffen wir Frieden in Nahost und hier, in unserer Gesellschaft – die seit dem 7. Oktober hoffnungslos gespalten scheint?

Natürlich sind wir, Saba als Politikwissenschaftlerin und Meron als Historiker, qualifiziert, um uns mit dieser Frage auseinanderzusetzen. Doch das steht häufig nicht im Vordergrund. Viel eher scheinen wir durch unsere Herkunft und Religionszugehörigkeit prädestiniert dazu, Antworten zu suchen. Einerseits freuten wir uns über die Einladungen und versuchten, sie so weit wie möglich anzunehmen. Andererseits fragten wir uns, inwiefern unser persönliches Miteinander als Ehepaar in der aktuellen Konfliktlage eine Relevanz hat. Vermutlich haben wir es uns selbst eingebrockt. Als wir im Sommer 2021 mit der Kolumne »Muslimisch-jüdisches Abendbrot« in der *Frankfurter Allgemeinen Zeitung* begannen, haben wir uns entschieden, unsere Identität als religionsgemischtes Ehepaar öffentlich zu thematisieren. Allerdings tun wir das nicht mit dem Anspruch, die beiden Religionen zu vertreten. Vielmehr um zu zeigen, dass auch ein Paar, wie wir eines sind, zur Normalität unserer Gesellschaft gehört. Doch auch das stimmt nicht ganz, unsere Ehe ist eben nicht ganz normal. Was schon vor dem 7. Oktober für die meisten aus unseren Communitys eine Herausforderung war, ist inzwischen eine echte Provokation. Frei nach dem Motto: Muslime sind vom Mars, Juden von der Venus.

Zugegeben, Juden und Muslime sind nicht die besten Freunde. Die Bilder, die man sich vom jeweils anderen macht, sind geprägt von Vorurteilen: Die einen sind rückständig und im Zweifel Terroristen, die anderen gelten als reich und als Drahtzieher hinter allem Übel in der Welt. In einer Studie vor ein paar Jahren gab knapp die Hälfte der befragten Juden in Deutschland an, Muslimen gegenüber misstrauisch zu sein. Fast zwei Drittel empfinden sie als bedrohlich, und ein Drittel hätte ungern Muslime als Nachbarn. Und das Bild, das Muslime von Juden haben, ist nicht besser. Laut einer Studie der Anti-Defamation League 2019 glauben 57 Prozent der Muslime, dass Juden zu viel Macht im internationalen Finanzwesen hätten. Fast vierzig Prozent machen sie für alle Kriege auf der Welt verantwortlich.

Wann immer die Gewalt in Nahost eskaliert, werden die Konfliktlinien deutlicher sichtbar. So auch seit dem 7. Oktober 2023, diesmal jedoch in einer neuen Vehemenz.

Allein der Vergleich unserer Timelines in den sozialen Medien spricht Bände: Der eine sieht die Fotos der israelischen Geiseln der Hamas mit dem Aufruf #FreeThemNow, die andere sieht tote Kinder in Gaza mit dem Aufruf #CeasefireNow. Auf den deutschen Straßen sind es nicht nur Muslime, die »Tod den Juden« und »Yallah Intifada« rufen, aber doch sind es viele. Umgekehrt ist das nicht der Fall: Juden stellen keine Bedrohung für die hier lebenden Muslime dar. Liegt es an den Zahlen? Die beiden Communitys unterscheiden sich deutlich: In Deutschland leben etwa 200.000 Juden und 5,5 Millionen Muslime.

Schon früh haben wir festgestellt, dass wir als Paar auffallen. Bereits unser Aussehen verrät, dass unsere Vorfahren aus weit entfernten Weltregionen stammen – und ja, auch heute noch führt das zu interessierten Nachfragen. So zum Beispiel wenn Saba gefragt wird, ob sie das Kindermädchen unseres Sohnes sei – was wohl damit zusammenhängt, dass der Kleine den helleren Hautton des Vaters hat. Auch unsere Biografien könnten kaum unterschiedlicher sein: als Nachkommen pakistanischer Flüchtlinge oder Holocaust-Überlebender; aufgewachsen in einem Kibbuz in der Wüste oder in einem sozialen Brennpunkt Frankfurts; prägende Erfahrungen im muslimisch-konservativen Gemeindeleben oder beim Militärdienst im Südlibanon und im Westjordanland.

Als unsere Familien die Nachricht über unsere Hochzeitspläne erhielten, gab es auf keiner Seite Jubel und Freudensprünge. Wir sind zwar beide in aufgeklärten und toleranten Familien aufgewachsen. Doch haben auch wir früh gelernt, dass Toleranz ihre Grenzen hat. Worin sich nämlich Muslime und Juden relativ einig sind: Den anderen wollen sie nicht in ihrer Familie. Diese Vorstellung lehnen etwa drei Viertel der Juden und nahezu zwei Drittel der religiösen Muslime laut einer Studie ab. Bei einem unserer Elternpaare wurde diskutiert, wie die damals schon verstorbenen Großväter reagiert hätten. Der eine Großvater hatte eine Aversion gegen Muslime. Der andere wiederum hatte viele muslimische Freunde – für ihn wäre es die schlimmste Vorstellung gewesen, dass sein Enkel eine Deutsche heiratet. Nun wurde es eine Person, die beide Feindbilder verkörperte: eine deutsche Muslimin. Eine unschlagbare Kombination, deretwegen sich beide Großväter vermutlich im Grab umdrehen. Auch in der anderen Familie gab es viele Sorgen. Beispielsweise, ob die Haare nun abrasiert werden – so war es schließlich in der vor einiger Zeit beliebten Netflix-Serie »Unorthodox« zu sehen, die das Leben der ultraorthodoxen jüdischen Gemeinschaft der Satmarer in New York zeigt. Eine Sache schien jedoch gesichert: »Mit einem Juden wirst du niemals finanzielle Sorgen haben.«

Vorurteile und Widerstand gegen gemischte Ehen wirken wie ein Relikt der Vergangenheit – und doch sind sie nicht nur ein Problem unserer Familien. Der israelische Premier Benjamin Netanjahu bezeichnete solche Ehen als »stillen Holocaust«, denn sie könnten zur Vernichtung des jüdischen Volkes führen. Studien zeigen, dass gemischte Ehen in Gesellschaften, in denen es ethnische oder religiöse Konflikte gibt, als Bedrohung wahrgenommen werden. In den USA ist es erst seit 1967 rechtlich möglich, dass Schwarze und Weiße heiraten. Auch heute sind solche Ehen eher eine Seltenheit, nur etwa fünfzehn Prozent aller Paare fallen in diese Kategorie.

In Nordirland gab es vor einer Generation nur zwei Prozent katholisch-protestantische Ehen – inzwischen sind es immerhin zehn Prozent. In Israel gibt es keine Zivilehe und somit auch keine Statistik über jüdisch-muslimische Eheschließungen. Sie sind allerdings äußerst selten. Da die Ehe eine rein religiöse Institution ist, ist es bis heute nicht möglich, einen gemischtreligiösen Lebensbund in Israel zu schließen – man muss dafür ins Ausland reisen, viele gehen nach Zypern.

Ein Glück, dass dies hierzulande viel einfacher ist. Wir hatten im Standesamt keine Probleme. Eine gewisse Herausforderung stellte nur die Coronapandemie dar, weshalb wir im »kleineren Kreis« von etwa 100 Gästen mit einer traditionellen pakistanischen Feier heirateten. Ab diesem Zeitpunkt wurden wir zu einer inoffiziellen Beratungsstelle für gemischte Ehen und andere »exotische« Paare. Bis heute bekommen wir E-Mails von Unbekannten, die uns um Rat fragen. So etwa von einem israelischen Paar, das erzählte, ihr Sohn habe sich während seines Studienaufenthalts in den USA in eine pakistanische Studentin verliebt. Die Mutter fragte: »Besteht die Gefahr, dass sich mein Sohn radikalisiert? Wie ist das bei dir gewesen?« Aus Deutschland meldete sich ein homosexuelles muslimisches Paar. Sie wollten Tipps, wie man muslimischen Eltern »so etwas« erklären kann.

In Deutschland werden Minderheiten, seien es Juden

oder Muslime, oft als homogene Gruppe gesehen. Tatsächlich sind sie ziemlich heterogen, und wir selbst gehören innerhalb unserer jeweiligen Community einer Minderheit an. Einmal die Identität als jüdisch-israelisch: Die hiesige jüdische Gemeinschaft besteht zu etwa neunzig Prozent aus postsowjetischen Migranten. Als Israeli ist man ein spezieller Fall, da man in der einzigen Gesellschaft der Welt aufwächst, in der Juden die Mehrheit darstellen. Antisemitismus kennt man im Kibbuz, wo Meron groß geworden ist, nur aus den Geschichtsbüchern oder von Erzählungen der Großeltern. Noch bis heute denkt er an das Motto seines Großvaters: »Du sollst alle Menschen lieben. Außer die Deutschen.« So war es 2001 für einen 25-jährigen Israeli eine eher ungewöhnliche Entscheidung, ausgerechnet nach Deutschland zu kommen. Was als Studienaufenthalt für zwei Jahre gedacht war, um frische Luft außerhalb des israelischen Dampfkessels zu schnappen, dauert jetzt schon eine ganze Generation an. Inzwischen ist Deutschland Merons zweite Heimat geworden.

In Sabas Fall geht es um die Zugehörigkeit zu einer religiösen Minderheit unter den Muslimen. Sie ist in Deutschland geboren und aufgewachsen. Die Heimat ihrer Eltern liegt in Pakistan, das sie aufgrund ihrer religiösen Zugehörigkeit verlassen mussten – und das daher nie eine zweite Heimat für Saba werden konnte. Die meisten kennen Sunniten und Schiiten als Strömungen im Islam. Es gibt allerdings auch andere, wie beispielsweise die in Indien entstandene Ahmadiyya-Bewegung. Als Teil dieser in nahezu allen islamischen Ländern verfolgten muslimischen Minderheit erfuhren ihre Eltern Diskriminierung und Ausgrenzung am eigenen Leib. Als in den 1970er-Jahren Pogrome gegen die Ahmadiyya-Muslime in Pakistan ihren Höhepunkt erreichen, begann Sabas Vater, seine Flucht vorzubereiten, zwei seiner Brüder verbrachten einige Monate in Haft und die Mutter versteckte sich aus Sicherheitsgründen mit ihren Schwestern fast drei Monate bei Bekannten, die nicht zur Ahmadiyya-Bewegung gehören. Als die Pogrome endeten, kehrte sie zurück in die Schule, in der sie als Lehrerin unterrichtete. Im Lehrerinnenzimmer wurde eine Grenze gezogen: Es wurde markiert, wo sie sitzen sollte. Ihr Geschirr wurde von dem der Mehrheit getrennt. Man verbot ihr, das Unterrichtsmaterial der Kolleginnen zu nutzen. Viele Mitglieder der Bewegung mussten das Land verlassen. Sabas Familie kam nach Deutschland. Für Saba wurde die Moschee und das Gemeindezentrum (mit Sporthalle) – im Gewerbegebiet – zu dem Ort, an dem sie einen großen Teil ihrer Kindheit und Jugend verbrachte: Sie spielte Volleyball, besuchte Basare und nahm am Islamunterricht teil. In ihrer pakistanischen Familie gehörten regelmäßige Moscheebesuche, das Fasten am Ramadan, das tägliche Gebet genauso zum Alltag wie die Cricket-Spiele am Wochenende. Cricket ist irgendwann auf der Strecke geblieben, alles andere ist Teil unseres nun gemeinsamen Lebens. Der andere Teil besteht aus Reisen nach Israel und scharf gewürzter Shakshuka am Schabbat-Abend. Die jüdischen Feiertage werden bei uns zwar gefeiert, jedoch nicht als religiöse, sondern als kulturelle Feste. So war es auch in der weltlich und sozialistisch geprägten Kibbuz-Gemeinschaft. Man muss nicht koscher essen oder sich an Schabbat vom Lichtschalter fernhalten, um jüdisch zu sein. Gläubig oder nicht, es ist alles nicht ganz stringent bei uns. Und zugegeben: Manches kommt etwas zu kurz – aber nobody's perfect. Seit wir ein Kind haben, achten die jeweiligen Großeltern ganz genau darauf, dass ihre Kultur und Religion in unseren vier Wänden nicht zu kurz kommen. Welche Lieder kann der Kleine schon auf Urdu und Hebräisch? Was isst er lieber – Alu Gobhi oder Falafel? Darüber werden viele Witze gemacht. Es ist so etwas wie ein liebevoller Wettkampf. Unsere Familien sind sich inzwischen nähergekommen, und die anfänglichen Berührungsängste sind überwunden. Im Wohnzimmer der Familie Cheema hängt ein selbst gemaltes Ölbild der Wüstenlandschaft in der Nähe des Kibbuz, in dem die Familie Mendel lebt. Das Bild hat Merons Vater gemalt, der als Rentner sein Talent als Maler wiederentdeckt hat. Es war ein Geschenk, das beim ersten gemeinsamen Abendessen der Schwiegereltern überreicht wurde – als Zeichen der neuen Familienverbindung.

Das vorliegende Buch basiert auf Kolumnen, die zwischen Juli 2021 und März 2024 im Feuilleton der *Frankfurter Allgemeinen Zeitung* erschienen sind. Der Impuls, ein bestimmtes Thema aufzugreifen, war oft eine Begegnung in unserem Alltag, ein privates Ereignis oder eine Erfahrung im Beruf. Anlässe gab es genug: Nachwuchs kommt, ein Urlaub in Israel oder Thüringen, aber auch Krisen und Konflikte auf der Welt – vom Iran über den Nahostkonflikt bis zur Ukraine. Aber auch das Ableben der britischen Monarchin war ein Ausgangspunkt. Und klar, das Private ist politisch und das Politische ist privat. Deshalb schreiben wir auch darüber, wie sich gesellschaftliche Entwicklungen in unserer deutschen Lebensrealität äußern. Warum gewinnen die Rechten immer mehr an Stimmen? Wem gehören eigentlich Falafel und Dreadlocks? Sollten wir Muezzin-Rufe aus Moscheen akzeptieren? Wie viele Geschlechter gibt es im Judentum? Soll man in Kitas Schweinefleisch aus dem Speiseplan streichen? Und was denken Migranten über den deutschen *Tatort*-Hype?

Immer wieder versuchen wir zu verstehen, was das Kleine mit dem Großen verbindet, und wie ganz persönliche Lebensentscheidungen durch die Politik geprägt werden – und vielleicht auch umgekehrt? Aus zwei Perspektiven blicken wir auf dieses Land und beobachten, wie es immer schwieriger wird, Kontroversen konstruktiv zu führen. Machen wir es uns vielleicht zu gemütlich in unseren Echokammern? Unsere Texte sind eine Einladung an alle, sich selbst und eigene Überzeugungen zu hinterfragen, neue Perspektiven kennenzulernen und im Zweifel auch mal eine Irritation in Kauf zu nehmen. Wenn Sie nach der Lektüre mehr Fragen als Antworten haben, dann geht es Ihnen genauso wie uns. Und vielleicht ist das ein Anfang.

Woher kommst du?

Eine Frage und viele Antworten

Die Zwillingsschwester des (vermeintlichen) Kompliments »Sie sprechen aber gut Deutsch!« ist die berühmte Frage: »Woher kommst du?« Inzwischen gilt sie in vielen Kreisen als No-go. Häufig werden wir von verunsicherten Menschen angesprochen, die nicht wissen, ob sie diese Frage überhaupt noch stellen dürfen oder nicht. Einmal natürlich, weil wir uns mit diesem Thema beruflich auseinandersetzen. Aber auch deswegen, weil sie uns persönlich gerne diese Frage stellen würden.

Als Jude oder Muslima in Deutschland ist man immer »betroffen«. In unserem Fall von Antisemitismus oder Rassismus. Das Wort, das in der Sozialwissenschaft seinen guten Sinn hat, erfährt in der Umgangssprache eine Nuancierung: Wer »betroffen« sagt, meint oft »Opfer«, will aber edler klingen. Schon wird aus einem halben Schimpfwort (»du Opfer«) eine Art Qualifikation – wir sind quasi Experten in eigener Sache. Und es stimmt ja auch: Wir haben ein Gespür dafür entwickelt, wann eine Aussage verletzend gemeint ist oder welches Kompliment doch etwas anderes suggeriert, weil man damit gleich ins Migrationskörbchen zurückgeschickt wird.

Zum Beispiel »Sie sprechen aber gut Deutsch« – ein Satz, der bei uns beiden unterschiedlich ankommt.

»Ich, der gebürtige Israeli, der vor zwanzig Jahren nach Deutschland gekommen ist, verwechsle noch immer Artikel, Adjektivendungen sind die Hölle für mich und mein Akzent ist nicht zu überhören. Man kann mich kaum glücklicher machen, als wenn man mir sagt, dass ich gut Deutsch spreche.«

»Fair enough. Wärst du, wie ich, in Deutschland geboren und aufgewachsen, würdest du das auch als Kompliment sehen? Schon in der Schule musste ich schmunzeln, wenn mir Lehrer sagten, für ein Migrantenkind spräche ich gut Deutsch. Und wenn mir das heute in der Bank oder beim Arzt entgegnet wird, dann liegt es nicht an einem Akzent, sondern daran, wie ich aussehe.«

»Oft denken die Menschen, ich bin Franzose – wegen meines Akzents. Ich habe kein Problem mit der Frage, solange nichts anderes mitschwingt. Beispielsweise in die Richtung ›Geh zurück in dein Land!‹. Mir ist das kürzlich wieder passiert, als eine Bekannte ihren Abschied aus Deutschland feierte, um zurück in die Niederlande zu ziehen. Einer der Gäste setzte nach der Woher-kommst-du-Frage noch einen drauf: ›Und, wann geht's für dich zurück in die Heimat?‹ Dahinter steckt die Vorstellung, dass es einen ›richtigen‹ Platz für jeden gäbe – und zwar den, an dem man geboren ist und wo man zur Mehrheitsgesellschaft zählt. So ist mir öfter die Vorstellung begegnet, dass alle Juden in Israel leben sollten. So hörte ich von einem älteren Mitglied der Deutsch-Israelischen Gesellschaft: ›2000 Jahre wolltet ihr ein Land. Jetzt habt ihr es doch. Warum lebt ihr dann in Deutschland?‹«

»Für mich kommt es immer auf den Kontext an. Früher nervte mich die Frage sehr, auch weil ich nicht auf Knopfdruck Lust hatte, die Migrations- und Fluchtgeschichte meiner Eltern zu erzählen. Noch immer antworte ich daher oft ›aus Frankfurt‹, dann kommt meistens die Nachfrage: ›Nein, woher denn wirklich?‹ Einige wollen inzwischen direkt wissen, aus welchem Land meine Eltern zugewandert seien. Dann gibt es Umformulierungen, die es nicht besser machen: ›Wo kommen denn diese schönen Haare her?‹«

Egal wie die Frage formuliert wird – letztlich geht es darum, in welche Schublade man uns stecken kann. Manchmal amüsieren wir uns im Nachhinein über die Gespräche.

»Wie vor ein paar Wochen, als der neue Nachbar nach dem freundlichen Nicken im Innenhof endlich mal mit mir ins Gespräch kommen wollte. ›Na, ich habe schon Ideen, aber sag mal: Woher kommst du eigentlich?‹ Um es schnell zu erledigen, denn ich hatte es eilig, antwortete ich: ›Meine Eltern sind aus Pakistan.‹ Euphorisch reagierte er mit: ›Wow! Ich war letzten Sommer in Sri Lanka. Das war toll!‹ Noch absurder wurde es, als er von mir einen Tipp wollte, was er zum Abendessen bei seinem neuen Kollegen mitbringen solle, dessen Frau aus Indien komme. Ich sagte, na ja, meine Mutter freue sich immer über Blumen. Blumen? Das überraschte ihn, aber er bedankte sich, da er jetzt wisse, was er indischen Bekannten mitbringen könne.«

Nur – ehrlich gesagt erwischen auch wir uns immer wieder dabei, wie wir über die Herkunft von fremden Menschen rätseln. Uns stört auch weniger die Frage an sich, sondern eher die Vorstellung, die unbewusst aktiviert wird: Wer ist deutsch? Wie sieht Deutschsein aus? Und wer sind die anderen? Tatsächlich entspricht es unseren Alltagserfahrungen, dass Haut- und Haarfarbe die Wahrnehmung der Mehrheitsgesellschaft als deutsch oder nicht deutsch dominieren. Gleichzeitig möchten wir nicht darauf verzichten, mit unterschiedlichen Menschen ins Gespräch zu kommen. Tabufragen stehen da eher im Weg. Und ja, natürlich darf auch die Herkunft eine Rolle spielen. Uns interessieren aber auch die Geschichten derer, die aus Münster oder Regensburg kommen.

»Und es funktioniert ja auch umgekehrt. Vorurteile haben wir alle. Als ich meine Ärztin wechselte, fragte sie mich gleich nach der ersten Minute, woher ich komme. Damit sie merkte, dass ich das gerade unpassend fand, gab ich ihr die gewünschte Antwort – dachte ich zumindest. ›Bin gebürtige Frankfurterin, meine Eltern sind aus Pakistan – das wollten Sie doch hören, oder?‹ Sie schaute mich mit großen Augen an und erklärte: ›Niemals. Ich hätte schwören können, mit Ihrem Akzent sind Sie aus Thüringen!‹ Zwar weiß ich bis heute nicht, wie sich der thüringische Akzent bei mir äußert, aber gut, damit war das Thema beendet.«

Die Sensibilität der Öffentlichkeit für Rassismus ist gewachsen – auch für seine subtilen Formen in der Alltagskommunikation. Eigentlich sollten wir uns freuen, dass nicht mehr nur der offene Rassismus anerkannt und verurteilt wird. Gleichzeitig kann die Sensibilität aber dazu führen, dass Differenzierungen verhindert werden. Ein Instrument, das zu empfindlich eingestellt ist, wird stets nur Maxima anzeigen.

»Wenn das Attentat von Hanau und der unhöfliche Nachbar gleichermaßen unter Rassismus verbucht werden, kann ich nur den Kopf schütteln. Was bedeutet diese Kategorie dann überhaupt? In diesem Zusammenhang erinnere ich mich an einen Vorfall mit einer Kommilitonin aus Israel. Wir erhielten beide ein Stipendium für einen Sprachkurs in Deutschland. Jedes Wochenende wurden Ausflüge angeboten. Als sie sich einmal zu spät für einen Ausflug anmeldete, wurde sie von der Kursleiterin in strengem Ton darauf hingewiesen, dass es keinen Platz mehr für sie im Bus gäbe. Die Studentin reagierte empört und entgegnete der Kursleiterin, dass sie sich wie in einer Selektion auf der Rampe von Auschwitz fühle.«

Das ist zwar absurd, aber viele Deutsche müssten große Überwindungsarbeit leisten, um ihr etwas zu entgegnen. Wer will hier schon auf der »falschen« Seite stehen? Wir halten fest: Betroffene haben nicht immer recht. Ja, Betroffenen muss zugehört werden – aber zum Respekt des Zuhörens gehört, ihnen zuzugestehen, dass sie auch falschliegen können. Wer unabhängig vom Gesagten die Position von Betroffenen als die einzig moralisch legitime darstellt, nimmt sie genauso wenig ernst wie jene, die ihnen gleich den Mund verbieten.

Ein Beispiel: Viele Theater- und Kultureinrichtungen möchten in künftigen Vereinbarungen die sogenannte

»Anti-Rassismus-Klausel« einsetzen. Auf der Website wird der Zweck einer solchen Klausel wie folgt beschrieben: »Die Deutungshoheit darüber, welche Beleidigungen als rassistisch diskriminierend empfunden und eingestuft werden, [liegt] bei den Betroffenen selbst.« Selbstverständlich muss Betroffenen zugehört werden. Die Kultur des Wegschauens sowie der Bagatellisierung von Rassismus und Antisemitismus, die auch in vielen Institutionen – von Schule, Polizei bis zum Kulturbetrieb – herrscht, muss auch strukturell bekämpft werden. Die Bekämpfung darf allerdings nicht zu einer persönlichen Angelegenheit werden – vielmehr brauchen wir objektive Kriterien zur Frage, ob eine Äußerung oder Handlung rassistisch ist, die nicht nur auf dem subjektiven Empfinden der betroffenen Person beruht. Die Initiative zeigt, wie durch Vorabfestlegungen auf eine Perspektive der Anspruch auf möglichst gerechte Klärung eines Sachverhalts oder Problems behindert wird. Wo der Kläger zum Richter wird, gibt es keine Gerechtigkeit.

Es ist nicht unsere Aufgabe als Betroffene, allein zu entscheiden, ob der interessierte Nachbar rassistisch und die strenge Kursleiterin antisemitisch sind. Auf dieses Privileg verzichten wir. Nicht umsonst diskutieren Wissenschaftler über Definitionen von Antisemitismus, Rassismus und andere Formen der Abwertung, damit wir in konkreten Fällen auf ein fundiertes und objektives Urteil kommen können. Übrigens: Das Dogma, wonach die Betroffenenperspektive die entscheidende Sichtweise ist, gerät auch ins Wanken, sobald sich zwei Betroffenenperspektiven gegenüberstehen. Beispielsweise wenn

Cisfrauen sich darüber beschweren, dass Transfrauen mit ihnen die Umkleide im Schwimmbad teilen. Welche Betroffenheit wiegt nun schwerer? Wir wollen so wenig auf unsere Rolle als Betroffene reduziert werden wie auf unsere Herkunft. Uns ist es allemal lieber, mal eine »falsche« Frage gestellt zu bekommen, als Menschen gegenüberzustehen, die beklommen schweigen, um ja keinen Fehler zu machen. Missverständnisse und unabsichtliche Verletzungen gehören zur Kommunikation – auch in anderen Situationen nehmen wir sie hin oder stellen sie freundlich klar. Wo die Verletzung Absicht wird, fängt dann die eigentliche Arbeit an.

Ein exklusiver Club

Warum so wenig Menschen mit migrantischen Wurzeln in der Politik sind

Der CSU-Politiker Markus Blume nennt die SPD eine »Krawallpartei« in der »Todeszone«. Die SPD-Vorsitzende Saskia Esken wirft dem CDU-Mitglied Jens Spahn eine »menschenunwürdige Haltung« vor. Der Grüne Reinhard Bütikofer wittert einen »rechten Propagandakrieg«, und in Schlagzeilen heißt es: »Schmutziger Wahlkampf«. Müssen wir uns um die Demokratie sorgen?

»Ich bin da gelassen. In den israelischen Wahlkämpfen sind solche Äußerungen Beispiele für Besonnenheit und Höflichkeit. Dort ist man es gewohnt, dass gegnerische Kandidaten mit SS-Uniformen oder als Hitlerfans dargestellt werden. In der Wahlwerbung werden Privatfotos von Kindern veröffentlicht, die bei Terroranschlägen ermordet wurden. Ultraorthodoxe Parteien stellen Rabbiner vor die Kamera, die drohen: Wenn Sie uns nicht wählen, werden Sie von Gott bestraft. Netanjahu hat schon in seinem ersten Wahlkampf gegen Schimon Peres 1996 seine Gegner als Volksverräter dargestellt und das Gerücht verbreitet, Peres' Mutter sei Araberin.«

»Ich kann noch einen drauflegen. Wenn in Pakistan Wahlkampf ist, gehören tödliche Anschläge auf Wahlbüros und Parteitage zur Normalität. Im vorletzten Wahlkampf wurde der Sohn des früheren Premierministers Yousaf Raza Gilani entführt. Da sind abwertende Aussagen und die Verbreitung von Gerüchten eher Ausdruck eines soften Wahlkampfes.«

Vor einiger Zeit saßen wir mit Freunden zusammen, deren Migrationshintergründe mit Afghanistan, den USA und dem Sudan verbunden sind, und schmunzelten über den »so krassen« Wahlkampf aus dem Jahr 2021. Wir überlegten, wer uns in der aktuellen Politik am ehesten zusagt. Dabei sprachen wir zunächst über die Vorstellungen unserer Eltern. Denn viele von ihnen waren Merkel-Fans.

»Meine Mutter findet Angela Merkel großartig – nicht nur, weil sie Frauen in hohen politischen Ämtern feiert. Sie war etwa auch davon beeindruckt, dass Merkel nicht in die Kanzlerwohnung einziehen wollte. Ihre souveräne und besonnene Art fasziniert sie, kombiniert mit einem dezenten Kleidungsstil. Sie hat sich über jede Neujahrsansprache gefreut.«

Davor waren unsere Eltern mehrheitlich Schröder-Fans. Und davor Kohl-Fans – die amtierende Regierung wird respektiert. Demut und Ehrfurcht gegenüber Staat und Politik gehören zum Selbstverständnis vieler Angehöriger dieser Generation. Unsere Altersgruppe hat ein anderes Verständnis von Politik. Wir beobachten, dass Leute wie wir es selten in die Politik schaffen. Viele, die hier aufgewachsen sind, haben keinen Zugang zu politischen Nachwuchsgruppen wie Jusos, Junger Union, Jungen Liberalen oder Grüner Jugend gefunden. Und das nicht nur, weil wir oft kein Wahlrecht hatten.

»Ein Freund von mir nahm mich vor Ewigkeiten zu einem Treffen seiner Politgruppe mit. Neben der fetten Rauchwolke war ich vor allem genervt von einem speziellen Habitus der jungen Leute – die fast alle aus Akademiker- oder Politikerfamilien kamen und ordentliche Besserwisser waren. Die Rolle der Exotin zu übernehmen, darauf hatte ich keine Lust.«

»In Israel war ich in politischen Gruppen aktiv. Wir trafen uns mit Palästinensern, oder wir prügelten uns in Wahlkämpfen mit rechten Jugendlichen. In Deutschland fand ich zu einer politischen Gruppe, die den Schwerpunkt Internationales hatte. Einmal wöchentlich wurde über Krisen in der Welt gesprochen. Danach ging es in die Kneipe. Als sie einmal über Israel/Palästina sprachen, stellte ich fest, wie realitätsfern sie waren. Vielleicht war das etwas voreilig, aber ich habe schnell das Interesse verloren und mich zurückgezogen.«

Menschen mit Migrationshintergrund machen ein Viertel der deutschen Bevölkerung aus – aber wie viele sind in der Politik vertreten? Nur fünf von 335 Oberbürgermeistern in Deutschland haben einen Migrationshintergrund. Von den 735 Abgeordneten im Bundestag sind es derzeit mindestens 83. Was bedeutet die Kategorie eigentlich? Als Mensch mit Migrationshintergrund ist man selbst oder mindestens ein Elternteil mit einer nicht deutschen Staatsangehörigkeit geboren – so die offizielle Definition. Die Statistik unterscheidet nicht, ob der Migrationshintergrund mit der Schweiz, Österreich, Tansania oder Iran zusammenhängt. Dabei macht das einen Unterschied. Es ist empirisch belegt, dass Migranten (und ihre Nachkommen) aus dem globalen Süden über weniger politische und gesellschaftliche Teilhabe verfügen. Wie viel Diskriminierungserfahrung hat der parteilose ehemalige Oberbürgermeister Claus Ruhe Madsen in Rostock, der dänischer Staatsbürger ist? Oder der statistisch durch seine Schweizer Mutter als Bundestagsabgeordneter mit Migrationshintergrund erfasste Christian Alexander von Stetten (CDU)? Er ist Nachkomme eines fränkischen Adelsgeschlechts, das seit 1098 zwischen den Flüssen Kocher und Jagst ansässig ist. Vielleicht sollten wir uns mal mit der Diskriminierung von Adligen auseinandersetzen!

Wenn wir uns mehr migrantische Politiker wünschen, dann meinen wir nicht Leute wie Madsen oder von Stetten. Wir sprechen von Menschen, die sich trotz schlechter Karten durchgesetzt haben – wie Omid Nouripour (Grüne) oder Aydan Özoğuz (SPD). Sie sind Vorbilder für viele Jugendliche mit Migrationsgeschichten aus dem globalen Süden. Richtige Kanaken halt. Aber auch kanakische Politiker, die es in die Bundespolitik geschafft haben, werden früher oder später auf eine gläserne Decke stoßen. Denn Bundeskabinette waren lange ein exklusiver Club. Über Jahrzehnte gab es weder muslimische noch türkische, jüdische oder schwarze Ministerinnen oder Minister. Geändert hat sich das erst, als Cem Özdemir Landwirtschaftsminister wurde. Mehr als siebzig Jahre nach Gründung der Bundesrepublik.

»Wenn ich das meinen Angehörigen in Großbritannien und Kanada erzähle, glauben sie mir nicht. Justin Trudeau hat selbstverständlich indisch- und pakistanischstämmige, schwarze und andere nicht weiße Minister und Ministerinnen. Und Rishi Sunak hat selbst indische Wurzeln. Die ethnische und religiöse Zusammensetzung des Kabinetts spiegeln die Vielfalt der Gesamtgesellschaft wider.«

Die deutsche Bilanz ist mau. Es scheint, dass sich Deutschland im Kabinett eher Ungarn und Polen als Vorbild nimmt als die USA, Kanada oder Großbritannien.

Inzwischen gilt es als selbstverständlich, dass Männer nicht unter sich über Belange von Frauen entscheiden. Ebenso selbstverständlich sollte sein, dass bei der Bekämpfung von Rassismus migrantische Deutsche mitentscheiden müssen. So erntete der nach den Anschlägen in Hanau und Halle gegründete Ausschuss zur Bekämpfung von Rassismus, der sich nur aus weißen, autochthonen Deutschen zusammensetzte, berechtigte Kritik.

Repräsentanz allein löst das Problem nicht. In den USA haben wir mit Barack Obama einen schwarzen Präsidenten erlebt. Ist die Situation von Afroamerikanern seitdem eine bessere geworden? Die Black-Lives-Matter-Proteste in den USA haben etwas anderes gezeigt. Und heute besteht die Peergroup von Obama eher aus seinen Milliardärsfreunden als der schwarzen Community. Ist nicht das Milieu, in dem man sich bewegt, noch entscheidender als Hautfarbe oder Herkunft?

»Beides ist relevant. Noch entscheidender ist die Qualifikation. Schwarz sein, Muslim sein oder jüdisch sein sind keine Qualifikationen und keine Garanten für eine weltoffene und tolerante Haltung. Es gibt auch Politikerinnen, die für ein traditionelles Geschlechterbild stehen. Das ist Demokratie: Alle sollen zu Wort kommen, unabhängig von Geschlecht und Herkunft. Und schwarze, muslimische, jüdische und andere nicht weiße Communitys sind genauso plural wie die Mehrheitsgesellschaft.«

Diese Realität wurde in der Politik bisher kaum sichtbar. Migrantische Deutsche sollten nicht nur die Coronaimpfung entwickeln oder Tore für die Nationalmannschaft schießen müssen, um Anerkennung zu finden. Sie sollen auch im Bundeskabinett vertreten sein. Egal, welche Parteien die Regierung bilden. Es ist an der Zeit, der gesellschaftlichen Realität Rechnung zu tragen.

Demokraten müssen das aushalten

Vom Umgang mit Rechten

Jedes Jahr freuen wir uns auf die Frankfurter Buchmesse. Durch die endlosen Gänge schlendern, Neuheiten und Kurioses aufstöbern, den Duft frisch gedruckter Bücher in der Nase – es gibt nichts Vergleichbares. Doch in dem Jahr nach Corona wurde unsere Freude getrübt. Denn die Messeleitung hatte einem rechten Verlag einen prominenten Platz zugewiesen, dem »Jungeuropa«-Verlag, der für einen nationalen Sozialismus wirbt. Der Verleger ist Philip Stein, der die Organisation »Ein Prozent« initiiert hat. Der Name bezieht sich auf die Vorstellung, dass es lediglich der Unterstützung von einem Prozent der Deutschen bedürfe, um eine »patriotische Wende« im Land herbeizuführen.

Für uns ein Déjà-vu: Im Jahr 2017 waren wir damals mit dem Team der Bildungsstätte Anne Frank in einer ähnlichen Situation. Nur ein paar Meter von unserem Stand entfernt befand sich der rechtsradikale Antaios-Verlag. Der Verlagsbesitzer Götz Kubitschek ist Gründer des selbst ernannten Instituts für Staatspolitik (IfS), das erst kürzlich vom Verfassungsschutz Sachsen-Anhalt als »gesichert rechtsextremistisch« eingestuft wurde.

Die Vorfreude auf die Begegnung mit den Nachbarn hielt sich in Grenzen. Wir schauten argwöhnisch auf den Stand und sahen, wie Kubitschek, seine Frau und ihre sieben Kinder mit ihren Trachten und Frisuren eine Nazifamilie aus dem Bilderbuch cosplayten. Bekannte Gesichter aus der neurechten Szene, wie Björn Höcke (AfD) und Martin Sellner von der Identitären Bewegung, stolzierten an unserem Stand vorbei. Es gab nicht nur jede Menge bekannte Gesichter – auch ganz normale Rechte und Neonazis schauten vorbei. Vermutlich fühlten sie sich vom Namen Anne Frank besonders angezogen.

»Mich haben zwei große blonde Jungs angesprochen. Sie fragten mich, was wir mit Vielfalt und Toleranz genau meinen. Sie erzählten, dass sie aus Offenbach kommen – und massiv unter der Vielfalt leiden. ›Kein Deutscher mehr auf dem Offenbacher Marktplatz! Das ist schwer zu ertragen. Manchmal vergesse ich, dass hier Deutschland ist und nicht die Türkei.‹ Ich fragte, was sie sich wünschen. ›Es sollen alle einfach dahin zurück, wo sie ursprünglich herkommen.‹ Das sei sowieso am besten für jede Rasse. Ich erlaubte mir ein Späßchen und erfand eine lange, dramatische Adoptivgeschichte: Meine biologischen Eltern kämen von irgendwo aus Südasien, mehr wisse ich nicht, ich würde nur Deutschland kennen. Trotz mehrerer Versuche konnten sie mir diese einfache Frage nicht beantworten: Wohin ich ihrer Meinung nach zurückgehen sollte? Die Jungs kamen irgendwann ins Schwitzen, trotz der unerwarteten Schwierigkeiten stand für sie fest: In der ›arischen Gesellschaft‹ gebe es keinen Platz für Menschen, die so aussehen wie ich.«

Während diese Art Gespräche bei uns eher ein Schmunzeln auslösten, waren andere Besucher vom Nachbarstand deutlich aggressiver. Kollegen wurden teilweise eingeschüchtert und auch bedroht, endlose Gespräche wurden uns aufgezwungen, die uns erschöpfen und auslaugen sollten.

In den Diskussionen über den Umgang mit Rechtsextremen auf der Buchmesse offenbart sich ein grundsätzliches Missverständnis. Sowohl 2017 als auch in der aktuellen Debatte argumentierte die Messeleitung mit der Meinungsfreiheit: »Wir müssen leider auch Meinungen oder die Präsenz von Menschen aushalten, die ich nicht unbedingt gerne hier hätte«, so die Worte des Direktors Juergen Boos. Das ist richtig und ein demokratisches Prinzip; dass auch diejenigen, die gegen Meinungsfreiheit sind, vom Recht der Meinungsfreiheit Gebrauch machen können.

»Aushalten« darf aber nicht bedeuten, Feinden der Demokratie den roten Teppich auszurollen und sie mit vorteilhaft gelegenen Standplätzen zu beglücken. Im Jahr 2018 fand die Messeleitung einen eleganten Weg und platzierte alle rechten Verlage in einer Ecke, weitab vom Schuss, noch hinter den Antiquariaten. So waren sie unter sich und konnten Besucher anderer Stände nicht ohne Weiteres bedrängen. Es ist verwunderlich, dass sie nach Corona anders handelte. Und es gab noch ein zweites Geschenk für die Rechten: Aufrufe zum Boykott der Buchmesse seitens mehrerer Autoren und aktivistischer Kreise in den sozialen Medien, denn diese steigerten noch die Aufmerksamkeit für »Jungeuropa«. »Vielen

Dank für die kostenfreie Werbung!«, twitterte der Verlagschef Philip Stein. Statt mehr Repräsentanz von Gegenstimmen zu erreichen, hat man mit dem Boykott ein Eigentor geschossen.

Eine wehrhafte Demokratie macht genau das: Sie garantiert die Meinungsfreiheit und bezieht gegenüber Gegnern zugleich klar Position. Dazu gehört auch, die Verbindungen zwischen gewaltbereiten Demokratiefeinden und den scheinbar bürgerlichen Kräften, die den ideologischen Rahmen dafür vorgeben, offenzulegen – und entsprechend zu handeln. Auf der Buchmesse 2017 konnten wir in Frankfurt live die Symbiose von rechten Intellektuellen mit Krawatte und Doktortitel und klassischen Neonazis mit Springerstiefeln und Glatzen beobachten. Die Arbeitsteilung zwischen AfD-Politikern, rechten Intellektuellen und gewaltbereiten Neonazis funktionierte schon damals. Exemplarisch steht dafür die ehemalige CDU-Bundestagsabgeordnete und heutige Vorsitzende der AfD-nahen Desiderius-Erasmus-Stiftung (DES), Erika Steinbach. Die Politikerin hat das Geschäftsmodell gewissermaßen perfektioniert: Sie gibt sich als konservativ aus, kommuniziert aber bewusst mit ihren rechtsextremen Followern. Diese feuert sie mit rassistischen und holocaustrelativierenden Beiträgen an – um sich dann mit Blumenfotos hinter ihre bürgerliche Fassade zurückziehen zu können.

»Eines Tages erreichte mich ein überraschender Brief: Erika Steinbach bat um ein Treffen, um über meine öffentliche Kritik an ihrer Person zu sprechen. Warum ich zugesagt habe? Vielleicht versuchte ich, eine Antwort auf die Frage zu finden, die mich seit meiner Jugend beschäftigt: Wie konnten zivilisierte Menschen Nazis werden? Eine Antwort habe ich nicht bekommen. Vielmehr wurde ich mit lauter Klischees über Juden konfrontiert. Es war wohl bitter für sie, dass weder ihr Gastgeschenk, eine CD mit jüdischen Liedern, noch ihr Engagement in der Deutsch-Israelischen Gesellschaft mein Urteil veränderten, dass sie und ihre Stiftung eine Gefahr für die Demokratie sind. Mein Büro verließ sie sichtbar wütend und frustriert. Etwa drei Monate später wurde ich zum Ziel ihrer Hetze, weshalb ich juristisch gegen sie vorgehen musste und die Löschung ihrer Social-Media-Beiträge erwirkte. Sie scheute sich nicht, meine private Adresse im Netz zu veröffentlichen – quasi eine offene Einladung für ihre Neonazi-Fans.«

Im Februar 2019 veröffentlichte Erika Steinbach einen hetzerischen Beitrag gegen den Kasseler Regierungspräsidenten Walter Lübcke (CDU). Die Reaktionen darauf enthielten mehrere Hasskommentare – darunter auch Aufrufe zum Mord. Nicht nur der frühere CDU-Generalsekretär Peter Tauber gibt Erika Steinbach eine »Mitschuld« am Mord an Lübcke.

So ein schwerwiegender Vorwurf wäre im Normalfall das Ende jeder politischen Karriere. Nicht in diesem Fall. Inzwischen AfD-Mitglied, hat Erika Steinbach als DES-Vorsitzende Gleichgesinnte um sich versammelt. Im Gewand einer bürgerlich-konservativen Stiftung wird völkisch-rassistisches Gedankengut normalisiert. Gemeinsam stehen sie für eine antidemokratische Weltanschauung, wonach nur bestimmte Menschen zur völkisch definierten deutschen Gesellschaft gehören, andere jedoch aus ihr entfernt werden müssen. Die AfD fordert Steuergelder in Millionenhöhe.

Die Frage, ob solche Positionen durch die Meinungsfreiheit geschützt sind, ist eine juristische. Die Frage, ob diese Positionen mit öffentlichen Geldern gefördert werden sollen, ist eine politische. Es ist ähnlich wie auf der Buchmesse: Meinungsfreiheit für rechte Stände – ja. Sie prominent platzieren – nein. Meinungsfreiheit für rechte Stiftungen – ja. Sie mit öffentlichen Geldern fördern – nein. Dass die DES in den Genuss der staatlichen Förderung kommt, ist kein Naturgesetz.

Vor einiger Zeit waren wir gemeinsam einkaufen – und sahen plötzlich Erika Steinbach mit ihrem Einkaufswagen entspannt beim Shoppen. Das erinnerte uns noch einmal daran, dass man sich der Begegnung mit anderen Menschen weder in der öffentlichen noch in der privaten Sphäre entziehen kann. Der Wunsch, unsere Gesellschaft zu einer Art »safe space« zu machen, kann in einer liberalen Demokratie nicht erfüllt werden. Auch ein Boykott von öffentlichen Veranstaltungen, die Rechten die Bühne überlassen, löst keine Probleme. Wir müssen sie aber nicht auch noch mit Steuergeldern und exponierten Standplätzen auf der Buchmesse belohnen.

Halbmonddeko am Christbaum?

Wie man ein muslimisch-israelisch-jüdisch-pakistanisch-hessisches Kind erzieht

Oft haben wir uns über Freunde amüsiert, die Großziehen von Kindern zum Projekt permanenter Optimierung machen. Jeder Schritt ist minutiös und nach dem letzten Trend aus diversen Elternforen durchgeplant. Vom Ökotragetuch über die Einrichtung des Kinderzimmers nach Feng-Shui bis zur multilingualen Kita (am liebsten mit Erstsprache Mandarin) – alles, damit das Baby seine Chancen auf Nobelpreis oder Oscarnominierung nicht schon vor dem Abstillen verpasst. Jetzt sind wir dran in Sachen Kinderoptimierung, denn neuerdings sind wir Eltern. Mit Feng-Shui können wir zwar nichts anfangen, aber in puncto hybride Identität haben wir einiges zu bieten: muslimisch, israelisch-jüdisch, pakistanisch und hessisch – all dies ist unserem Kind schon in die Wiege gelegt. Wenn es mit dem Nobelpreis nicht klappt, garantiert die Kombination der elterlichen Sprachen immerhin eine Karriere als Mossad-Agent.

Das »Projekt« jüdisch-muslimisches Kind hat allerdings Anlaufschwierigkeiten. Gleich bei der Beantragung der Geburtsurkunde wurden wir auf dem Amt freundlich darauf hingewiesen, dass eine doppelte Religionszugehörigkeit – jüdisch und muslimisch – nicht gestattet ist. Nach kurzer Beratung im Flur kamen wir mit einem neuen Vorschlag: Wie wäre es mit »divers« als Religionszugehörigkeit? Mit neuerlichem Kopfschütteln wurde unser progressiver Entwurf niedergeschmettert. Letztlich mussten wir uns mit der Bezeichnung »konfessionslos« zufriedengeben.

Die Konfessionslosigkeit unseres Sohns wird aber nicht nur durch den Staat, sondern auch von den Religionsgemeinden erzwungen. Aus Sicht beider Orthodoxien ist er weder jüdisch noch muslimisch. Das jüdische Religionsgesetz, die Halacha, legt fest, dass das Jüdischsein über die Mutter, das islamische Gesetz regelt, dass das Muslimsein nur vom Vater weitergegeben wird. Eine umgekehrte Vater-Mutter-Konstellation wäre aus orthodoxer Sicht womöglich einfacher – lieber ein Doppelpass statt staatenlos, sozusagen.

Traurigerweise folgen beide Religionsgemeinschaften in Deutschland der orthodoxen Sicht der Dinge so streng, als würde jede andere Auslegung den Untergang der eigenen Gemeinschaft heraufbeschwören. Dabei würde sich ein Blick über den deutschen Tellerrand lohnen. Ein Argument für die Erweiterung der Religionsweitergabe für beide Elternteile wäre etwa die Geschlechtergerechtigkeit. Die Patrilinearität im Islam ist nicht ohne Gegenbeispiel: So gibt es auf der Insel Sumatra in Indonesien eine muslimische Community, in der ähnlich wie im Judentum das Prinzip der Matrilinearität gilt. Die Minangkabau-Community gilt als größte matriarchale Gesellschaft der Welt. Nicht nur die Religionszugehörigkeit, sondern auch das Eigentum und sogar der Thron in der Königsfamilie wird in der weiblichen Linie vererbt. Die Abweichung ist Fundamentalisten natürlich ein Dorn im Auge, und die Community wird auch von Salafisten auf der Insel häufig angefeindet.

Auch die Festlegung des Judentums auf die mütterliche Erbfolge kann infrage gestellt werden. Bis etwa 200 nach Christus galt das patrilineare Prinzip. In Amerika beschloss die Central Conference of American Rabbis als Reaktion auf die Verbreitung von »mixed marriages« schon 1983, Kinder jüdischer Väter als vollwertige Juden anzuerkennen, sofern sie jüdisch erzogen werden. Seitdem sind fast alle jüdischen Gemeinden im Westen dem Vorbild gefolgt. In Deutschland ticken die Uhren langsamer: Es ist nicht lange her, dass der Zentralrat der Juden den Lyriker Max Czollek zum Nichtjuden erklärte, weil er keine jüdische Mutter hat. In einer liberalen, pluralen Gesellschaft ist es ein außergewöhnlicher Vorgang, dass ein Religionsverband öffentlich einer Privatperson ihre Religionszugehörigkeit abspricht. Im Islam wird das als Takfir bezeichnet: ein Vorgang, der heutzutage eher in Iran oder in Saudi-Arabien praktiziert wird.

Ob diese theologischen Fragen unseren Sohn in Zukunft tatsächlich beschäftigen werden, wissen wir nicht. Aber für unsere Familien ist es aktuell eine zentrale Frage: Was ist er denn nun – Jude oder Muslim? Hier wird schnellstens eine klare Antwort verlangt. Das fängt schon beim Namen an. Wir haben uns für einen arabischen Vornamen und einen jüdischen Nachnamen entschieden. Auf Spotify haben wir eine Playlist erstellt, in der Songs auf Hebräisch, Arabisch und Urdu abwechselnd laufen – von zionistischen Kinderliedern aus den Zwanzigern bis zu Koranversen, die Allah lobpreisen. Und dann ist da noch die Sache mit der Beschneidung. In unserer Umgebung wird vor Identitätskrisen gewarnt, wenn dem Kind nicht von Anbeginn eine klare religiöse Identität vermittelt wird. Vielleicht sind wir naiv und werden bald auf die Nase fallen, doch die Vorstellung, die unseren Familien Angst macht, bereitet uns Freude. Wie falsch kann es sein, ein Kind in dem Wissen zu erziehen, dass es mehr als eine richtige Religion gibt?

Der Wunsch nach Eindeutigkeit ist verständlich. Sogar die liberalen und die Reformbewegungen in Islam und Judentum empfehlen interreligiösen Familien, sich für eine Religion in der Kindererziehung zu entscheiden – während die andere nur »respektiert« werden soll. Nach welchen Kriterien sollten wir dies aber entscheiden? Schicken wir die Großeltern in einen Ring? Werfen wir eine Münze? Begeben wir uns in die endlose theologische Debatte, ob im Himmel ein Jehova oder Allah ist? Uns ist auch der »Respekt« der anderen Religion gegenüber zu wenig. Es geht uns um ein gleichberechtigtes Ausleben der beiden Traditionen und Kulturen. Und warum eigentlich nicht? Wieso kann in Zeiten, in denen der Staat neben männlich und weiblich diverse Geschlechtsidentitäten anerkennt, nicht auch die religiöse Identität divers sein?

Viele denken, dass Identitäten nach dem ODER-Prinzip funktionieren: schwarz oder weiß, Deutsch oder Migrant, Frau oder Mann. Warum kann Identität nicht nach einem UND-Prinzip funktionieren? Wir sind Migranten und Deutsche und gläubig und häretisch und Fahrradfahrer – alles zugleich. Widersprüche gehören zum menschlichen Wesen, und in der postmigrantischen Gesellschaft werden sie eher häufiger. Dann gibt es halt Mazze zum Ramadan-Fastenbrechen, wenn Pessach und Ramadan auf dieselbe Zeit fallen, wie im kommenden Frühjahr. Und wenn wir Chanukka feiern, gibt es neben dem öligen Sufganiyot auch Baklava in Honig getunkt – die große Gefahr ist hier nicht die interreligiöse Zusammensetzung, sondern der übermäßige Zuckergehalt.

Zugegeben: wir haben auch unsere Grenzen. Wir wollen kein Religions-Disneyland mit einem Adventskranz, tibetischer Gebetsfahne und Ojibwa-Traumfänger. Einmal fragte uns eine Freundin ernsthaft, ob wir einen Weihnachtsbaum mit Halbmond und Davidstern-Deko im Wohnzimmer aufstellen.

Ob es funktioniert, wissen wir nicht. Vielleicht haben diejenigen recht, die uns vor der programmierten Identitätskrise warnen. Zu unserer Verteidigung können wir andere muslimisch-jüdische Paare als Beispiel heranziehen. Bei ihnen scheint es bisher gut gegangen zu sein, wie unsere Internetrecherche zeigt. Einige sind mit einer viel härteren Realität konfrontiert, wie die Familie von Sary Bashy. Die amerikanische Jüdin lebt mit ihrem palästinensischen Mann und zwei Kindern im Westjordanland. Im Internet beschreibt sie, wie die aktuelle Situation in Israel, im Westjordanland und Gaza zu Familiendiskussionen führt, in der die Kinder zwei

Sichtweisen kennenlernen. Gäbe es mehr Kinder, die in solchen Familienkonstellationen aufwachsen, wäre der Frieden in Nahost vielleicht ein Stück näher.

Auch wenn wir uns immer wieder dabei erwischen, die Erziehung durchzuplanen und dem Optimierungsdrang nach einer perfekten Kindheit nachzugeben, erinnern wir uns daran, dass Kinder nicht zu programmieren sind. Vielleicht wird sich unser Sohn weder für den Islam noch für das Judentum interessieren, sondern mehr für Fußball, Star Wars oder Kernphysik. Vielleicht sollten wir als Erwachsene den Wunsch aufgeben, dass Kinder unseren Weg gehen. So hat es unsere Generation nicht einmal geschafft, Partikularismus und Vorurteile zu überwinden. Immer noch wird die Zugehörigkeit zur eigenen ethnischen oder religiösen Gruppe über universelle Werte gestellt. Wäre es nicht einen Versuch wert, Kindern die Chance zu lassen, ihren eigenen Weg zu finden? Vielleicht besteht Erziehung ja gerade darin: auf diesem Weg die gröbsten Steine wegzuräumen. Und nebenbei die perfekte Spotify-Playlist zu erstellen!

Krieg auf dem Smartphone

Was Juden und Muslime trennt und was sie eint

»Warum feiert ihr den Mord an Juden?«, fragte der Chefredakteur der *Jüdischen Allgemeinen* Philipp Peyman Engel vier Tage nach dem Massaker des 7. Oktobers. Mit »ihr« meinte er die Muslime in Deutschland. In seinem Beitrag beschreibt Engel, wie er die Reaktionen auf den Angriff aus dem Gaza-Streifen wahrnahm: »Entweder ist das Schweigen der Muslime zum Terror gegen Israel überlaut. Oder das Töten von Juden wird sogar gefeiert.«

Das ist nur eine von vielen Pauschalisierungen über Muslime seit dem 7. Oktober 2023. Sie werden in der Öffentlichkeit homogenisiert und kurzerhand zu Hamas-Sympathisanten, Israelhassern und eingefleischten Antisemiten erklärt. Unbenommen, diese gibt es zuhauf. Wer aber eine gesamte Religionsgemeinschaft zu Menschenfeinden deklariert, trägt ebenfalls zur Vergiftung unseres Diskurses und Zusammenlebens bei. Über die spontanen Freudenbekundungen nach dem Massaker in Berlin-Neukölln wurde ausführlich in den Medien berichtet. Dass einige Tage später viele Muslime an einer Solidaritätskundgebung für die israelischen Opfer teilnahmen, war keine Nachricht wert. Wir halten fest: Antisemitische Muslime sind offenbar interessanter als andere Muslime.

Schon das Mitgefühl für die leidenden Zivilisten in Gaza scheint hierzulande für einige der Beweis für eine Radikalisierungstendenz zu sein. So wurde aus Angst vor antisemitischen und gewaltverherrlichenden Vorkommnissen Schulen in Berlin freigestellt, Symbole wie das Palästinensertuch und die Palästinaflagge zu verbieten. Diese hätten das Potenzial, »den Schulfrieden zu gefährden«. Hamburg verhängte sogar ein dreitägiges pauschales Verbot propalästinensischer Demonstrationen.

Zu diesen Präventivmaßnahmen reiht sich auch die kurzfristige Absage der Verleihung des LiBeraturpreises auf der Frankfurter Buchmesse an die palästinensische Autorin Adania Shibli ein. Auch wenn man das nicht beabsichtigt, wird die Autorin auf diese Weise implizit in die Nähe des Hamas-Terrors gerückt. Niemand sei in Feierlaune, erklären die Zuständigen der Buchmesse. Mit Sicherheit nicht. Und doch wird damit erneut eine Chance verpasst, miteinander zu sprechen.

Es ist nicht zu leugnen, dass in den meisten arabischen und muslimisch geprägten Gesellschaften Israelhass weitverbreitet ist. Oft wird dieser vom Kindergarten bis zur Universität vermittelt, er wird gewissermaßen vom Staat unterstützt. Auch wir haben ihn bereits erlebt.

»Ich kann mich noch gut an ein Abendessen von DAAD-Stipendiaten in Weimar erinnern. Die Sitzordnung im Saal erfolgte nach Herkunftsregionen. Als meine Tischnachbarn aus Nahost mich als Israeli erkannten, verließen sie demonstrativ den Tisch. Schließlich saß ich allein mit der von der Situation sichtlich überforderten Koordinatorin, die sich gebetsmühlenartig im Namen der Veranstalter und des deutschen Volks entschuldigte. Allerdings traute sie sich nicht, die anderen Stipendiaten anzusprechen, die sich inzwischen am Nachbartisch versammelt hatten.«

»Das erste Mal, dass ich von Israel hörte, muss gewesen sein, als mein Vater deutscher Staatsbürger wurde. In dem alten, nun ungültigen pakistanischen Pass, den ich zur Erinnerung behalten wollte, las ich: ›Dieser Pass gilt für alle Länder dieser Welt mit Ausnahme Israels‹. Sonst hat das Land in meiner Familie keine Rolle gespielt. Das ist sicherlich nicht repräsentativ für die muslimische Community. Von muslimischen Mitschülern bekam ich gelegentlich mit, wie sie Israel als verfluchten Staat beschimpften und vor Supermärkten wie Aldi und Lidl warnten, da diese ihre Einnahmen an Zionisten spenden würden.«

Die Staatsgründung Israels und die anschließenden Kriege mit den arabischen Staaten führten dazu, dass die Solidarität mit den Palästinensern einen enormen Stellenwert für die islamische Welt und ihre Identität bekam. Israelhass ist bis heute in vielen islamisch geprägten Ländern eine bequeme Ablenkung vom Versagen der eigenen korrupten und autoritären Regierungen. Heute wird das Feindbild unter jungen Muslimen in westlichen Staaten zunehmend über soziale Medien verbreitet – eine Instant-Politisierung einer jungen Generation, in der nicht Wissen und Fakten zählen, sondern Emotionen und Klicks. Aufgeflammt ist diese Solidarität nicht erst nach dem Beginn des Kriegs in Gaza. Influencer mit Hunderttausenden Followern, die sonst für Kosmetikprodukte werben, teilten grausame Fotos von ermordeten palästinensischen Kindern und ließen ihre Follower abstimmen, ob wir es mit einem neuen Holocaust zu tun hätten.

Im digitalen Zeitalter wird fast jeder Konflikt auf dem Globus inzwischen nicht mehr nur vor Ort, sondern auch auf dem Smartphone ausgetragen. Dass der Nahostkonflikt auch in Deutschland die Menschen bewegt, ist nicht verwunderlich. Auch andere regionale Konflikte äußern sich in der deutschen Migrationsgesellschaft: So geraten hierzulande Russen und Ukrainer, Türken und Kurden oder Pakistaner und Inder aneinander. Allerdings bergen der Nahostkonflikt und vor allem der verbreitete Antisemitismus im arabischsprachigen Raum aufgrund der deutschen Geschichte eine besondere Brisanz.

Welche Positionen zum Nahostkonflikt als legitim gelten und wo die Grenzen zwischen Kritik am Handeln des israelischen Staates und Antisemitismus verlaufen – über diese Fragen wird nicht nur in der Öffentlichkeit, sondern auch in unserem Freundeskreis erbittert gestritten.

Vor einiger Zeit sprach uns eine befreundete Musikerin an. In ihrer Gruppe weigerte sich ein syrischstämmiger Musiker, mit israelischen Künstlern auf die Bühne zu gehen – oder auch nur einen Blumenstrauß am Ende eines Konzertes aus den Händen einer Israelin entgegenzunehmen. Ein politischer Akt oder Antisemitismus, so fragte unsere Freundin besorgt. Spätestens nachdem der Musiker auch einem amerikanischen Juden damit drohte, die gemeinsame Aufführung zu canceln, gab es keine Zweifel mehr: Ihn störte nicht die israelische Besatzung oder Siedlungspolitik, er hatte schlichtweg ein Problem mit Juden.

Es gibt aber auch Fälle, in denen diese Eindeutigkeit fehlt. Wir erinnern uns an die Frage unseres Nachbarn, eines Lehrers. In seiner Klasse gab es eine palästinensischstämmige Schülerin, die ein Shirt mit der Aufschrift »Free Palestine« trug sowie ein Palästinensertuch. Und er fragte sich, ob die Schülerin gegen das Existenzrecht Israels sei. Denn tatsächlich steht hinter »Free Palestine« nicht selten der Wunsch nach der Vernichtung Israels. Nachdem wir ihn ermutigt hatten, mit der Schülerin das Gespräch zu suchen, stellte sich heraus, dass sie sich eine friedliche Zwei-Staaten-Lösung wünschte.

Gerade diese Differenzierungen fehlen in den aktuellen Diskussionen. Vielmehr wird allzu schnell Partei ergriffen. Wer richtigerweise im Leugnen des Existenzrechts des Staates Israel Antisemitismus sieht, muss auch kritisieren, wenn man den Palästinensern das Recht auf einen eigenen Staat abspricht. Weder Israelis noch Palästinenser brauchen Groupies im Ausland. Es braucht etwas, was soziale Medien per se nicht leisten können: nicht die scharfmachenden und polarisierenden Stimmen gilt es zu verbreiten, sondern die gemäßigten und friedlichen. Schlechte Nachrichten – und sogar Fake News – verbreiten sich bekannterweise besser als positive und differenzierte, wie Forscher immer wieder bestätigen: Das Phänomen nennt sich »negativity bias«, also Negativitätsverzerrung. Am Ende ist es wichtiger, an einer aktivistischen Gruppenidentität teilzuhaben, statt sich mit der komplexen Wirklichkeit auseinanderzusetzen. Die Konfliktparteien werden zu Projektionsflächen eines politisch Imaginären, auf denen sich das eigene Bedürfnis nach einer geordneten, eindeutig in Gut und Böse zu teilenden Welt abbildet.

Dabei gibt es sie, die guten Nachrichten, trotz allem. Schon seit Beginn des Konflikts zwischen Israelis und Palästinensern setzen sich Menschen beider Seiten für Dialog und Versöhnung ein. Etwa das 1949 gegründete jüdisch-arabische Zentrum für Frieden Givat Haviva, das zum gegenseitigen Kennenlernen und zum Verständnis beiträgt. Oder das 1995 gegründete Forum Parents Circle, in dem mehr als 600 Eltern beider Seiten zusammenkommen, die alle eines gemein haben: den Verlust eines Kindes in einem bewaffneten Konflikt. Ihre Botschaft ist simpel, aber stark: »It won't stop until we talk«, es wird nicht enden, wenn wir nicht miteinander reden. Bei vielen Auseinandersetzungen der vergangenen Jahre haben sich die Angehörigen mit Blumen an Straßenkreuzungen versammelt, um ein Zeichen gegen gewaltbereite Mobs auf beiden Seiten zu setzen, online diskutiert und gemischte Führungen durch arabisch und jüdisch geprägte Ortschaften organisiert. Und dann sind die insgesamt zwar nur acht jüdisch-arabische Schulen in Israel ein kleiner Lichtblick: Als wir vor einiger Zeit bei einer Schule in Beer Sheva zu Besuch waren, konnten wir nicht zwischen Juden und Arabern unterscheiden. Die Kinder spielten miteinander und sprachen mal Hebräisch, mal Arabisch. Nach dem 7. Oktober wurde direkt am Eingang der Schule eine »Ecke für Empathie« eingerichtet. Schüler durften Briefe schreiben oder etwas malen und in Boxen einwerfen: für Menschen in Gaza und für die Opfer des Massakers der Hamas.

Es mag schlicht klingen, für mehr gegenseitiges Verständnis zu werben. Und sicher kann man damit keine Schlagzeilen machen, keine reißerischen Social-Media-Beiträge gestalten. Aber nichts ist schlichter, als sich immer noch tiefer in seinen Vorurteilen einzugraben – und die eigene Empathieunfähigkeit mit Radikalität zu verwechseln.

Wem gehören eigentlich Falafel?

Über kulturelle Aneignung

Seit einigen Jahren wird Karneval nur noch gedämpft gefeiert. Die aktuelle Weltlage trübt die Stimmung der Jecken ein. Und auch die sonst so dringlich geführten Diskussionen um die Unbedenklichkeit von Verkleidungen rücken in den Hintergrund. Fragen wie die, ob man sein Kind als »Indianer« oder mit Sombrero zum Karneval gehen lassen sollte. Fasching ist nicht mehr so einfach zu feiern. Mit anderen Eltern reden wir darüber, wie wir zu den Kostümierungen stehen. Sind sie rassistisch, oder sind wir zu sensibel geworden?

»In meiner Grundschulzeit kostümierten sich die Kinder oft als Angehörige anderer Nationen und ethnischer Gruppen. Meiner Mutter mussten wir Kinder Fasching erst erklären: Ich erzählte ihr, dass sich meine Freunde als Chinese und Franzose ›verkleiden‹ werden. ›Dann gehst du als Pakistanerin!‹, war ihre einfache und zugleich geniale Idee. Die traditionelle Kleidung mussten wir nur aus der obersten Schublade im Kleiderschrank ziehen, und schon war mein ›Kostüm‹ fertig.«

»In Israel wird im Frühjahr das Purim-Fest gefeiert. Um an die Rettung der Juden im Persischen Reich zu erinnern, verkleiden sich Kinder und Erwachsene. Bunte Karnevalszüge ziehen durchs Land. Als Kind im Kibbuz hatte ich beim Kostüm wenig Auswahl. Mir wurde zugeteilt, was gerade auf Lager war und meine Größe hatte. So war ich mal Samurai, mal Zwerg oder russischer Kosak. Einmal musste ich unter der prallen Wüstensonne ins gefütterte ›Eskimo‹-Kostüm schlüpfen. Die Mädchen tauchten mal als ›Chinesin‹ mit geschminkten Augen oder ›Niederländerin‹ mit Klompen auf. Das war unser Bild über die Menschen anderer Länder, da zu dieser Zeit kaum jemand aus dem Kibbuz mal ins Ausland gefahren war.«

Auch solche Kindheitserzählungen können heutzutage schon problematisch werden. So musste sich die Berliner Grünen-Politikerin Bettina Jarasch vor einiger Zeit für ihre »unreflektierten Kindheitserinnerungen« entschuldigen, da sie in einer Rede gesagt hatte, sie wollte schon als Kind »Indianerhäuptling« werden. Heutzutage werden Verkleidungen, die Menschen mit anderen Herkünften stereotyp imitieren, oder Frisuren, die aus anderen Kulturkreisen stammen, als Ausdruck »kultureller Aneignung« gesehen. Gemeint ist aber nicht jede Art der Imitation: wenn wir beide Lederhose und Dirndl auf dem Oktoberfest tragen, werden die Verfechter des Konzepts nicht Alarm schlagen. Wenn sich aber die Moderatorin Annemarie Carpendale mit einem »Indianerkostüm« verkleidet oder Justin Bieber sich in Dreadlocks zeigt, geht der Shitstorm los.

Carpendale bekam zu hören: »Andere Kulturen sind einfach kein Kostüm! Es ist kulturelle Aneignung und rassistisch. Punkt. Zieh das Kostüm aus, schmeiß es in die Tonne, und höre den Stimmen Betroffener zu!« Zu Bieber, den Wiederholungstäter, er hatte 2016 schon einmal Dreadlocks getragen, meldeten sich Tausende Menschen in den sozialen Medien mit Kommentaren wie: »Heuchler. Du machst dich gegen Rassismus stark, um dann als weißer Mann Dreadlocks zu tragen.« In die Missgunst der Kritiker geraten nicht nur Promis aus dem Showbiz, sondern auch linke Idole wie die Sea-Watch-Kapitänin Carola Rackete, wenn sie Dreadlocks trägt. Tja, was zählen schon die Menschenleben, die sie gerettet hat, wenn sie sich so eine Unverschämtheit erlaubt!

Um nicht falsch verstanden zu werden: Es ist gut, dass mehr Sensibilität für Stereotype und Vorurteile geschaffen wurde, dass Schulen Kostüme als unerwünscht erklären, wenn sie für Kulturen, Geschlecht, Herkunft oder Religion beleidigend sein können. Noch nicht angekommen ist das bei den meisten Karnevalsvereinen, die auf der jahrhundertealten rassistischen Praxis des Blackfacings beharren – einer Theatermaskerade, die im Amerika des achtzehnten Jahrhunderts in den sogenannten Minstrel-Shows entstanden ist, um Schwarze bloßzustellen.

Aber im Konzept der kulturellen Aneignung geht es nicht nur um die Kritik an rassistischen Praxen. Es geht im Kern darum, dass jemand aus der »Dominanzkultur« ein Merkmal oder Ritual einer anderen, (ehemals) unterdrückten Kultur nutzt. Nach der Definition des Cambridge Dictionary ist kulturelle Aneignung »das Verwenden von Dingen einer Kultur, die nicht deine eigene ist, insbesondere, ohne dabei zu zeigen, dass du diese Kultur verstehst oder respektierst«. Der Definition liegt die falsche Vorstellung zugrunde, dass Kulturen isoliert voneinander existieren und ihre jeweiligen Mitglieder ausschließlich qua Abstammung dazugehören. Wer einen Native American im Stammbaum hat, darf Federschmuck mit gutem Gewissen tragen, auch wenn das Generationen zurückliegt. Wir beide dürften demnach aber kein Karatestudio eröffnen, dafür fehlen uns japanische Wurzeln. Aber ein Yogastudio würde gehen, denn wir haben ausreichend indische Vorfahren; alternativ ginge ein Krav-Maga-Club. Traditionen und historische Erfahrungen avancieren im Konzept der kulturellen Aneignung zum exklusiven Eigentum einer vermeintlich homogenen Gruppe: Egal wie du dich selbst definierst, deine Herkunft bestimmt, wer du bist und was dir zusteht.

In Wahrheit war und ist Aneignung die gängige Praxis, wie Kulturen über Jahrtausende weiterentwickelt wurden. Beispielsweise hat sich die jüdische Religion mesopotamische und aramäische Zivilisationen angeeignet; die christliche Welt ist von jüdischen Traditionen beeinflusst. Egal ob Kostüme, Essen, Kunst oder Film – überall wird kulturell angeeignet. Dabei vermengen sich berechtigte Kritik und sinnloser Krawall: Berufsmäßige Hüter kultureller Reinheit nehmen für sich in Anspruch, für ein (vermeintlich homogenes) Kollektiv zu sprechen, das sie freilich niemals dazu beauftragt hat.

Übrigens, auch wir sprechen nicht für Juden und Muslime. Wir denken vielmehr, dass gerade das Hineinversetzen in andere Kulturen und Lebenswelten großes Potenzial für Empathie und Solidarität hat: die Fähigkeit, sich in andere Geschichten, Lebenswelten und Epochen einfühlen zu können. Das ist es, was Solidarität jenseits von Kultur und Religion ausmacht. Ein Beispiel dafür war 2018 die Solidaritätsaktion »Berlin trägt Kippa«, nach einem antisemitischen Angriff. Bundesweit erlebte diese Aktion viel Zuspruch, Tausende trugen öffentlich Kippa. Wir und viele unserer jüdischen Freunde haben sich über diese menschliche Geste gefreut. Für jüdische Aneignungskritiker war das ein No-go. Eine Aktivistin schrieb in ihrer Kolumne im *Missy Magazine*: »Wenn irgendwelche wc-Deutsche (weiß-christlich) sich Symbole aneignen und diese zur Schau stellen, weil sie es können, weil sie bestimmte strukturelle, historische, emotionale Erfahrungen in ihrem Heranwachsen und Alltag nicht erlebt haben, dann ist das nicht Solidarität, dann ist das Kackscheiße.«

Auch woke Muslime ärgern sich über die Verwendung ihrer religiösen Symbole. Ebenfalls 2018 trugen Gucci-Models auf dem Laufsteg Kopftücher und Turban. Kritisiert wurde, dass das Kopftuch dort akzeptiert werde, auf der Straße aber zu Anfeindungen führe. Zwar war das von Gucci ganz sicher keine Solidaritätsaktion – aber vielleicht doch ein Signal dafür, dass das Kopftuch Teil der gegenwärtigen europäischen Kultur geworden ist? Und was ändert sich im Alltag und in der Diskriminierung kopftuchtragender Frauen, wenn Modehäuser Kopftücher aus ihrer Kollektion nehmen?

Die Vorstellung, dass Kultur und Religion im Besitz von bestimmten Gruppen sind, überträgt sich so auch auf die Besetzung von Rollen im Theater und Film. Kürzlich sorgte die britisch-jüdische Schauspielerin Maureen Lipman für Schlagzeilen, als sie die Besetzung einer Nichtjüdin für die Rolle der Golda Meir, der ehemaligen Premierministerin Israels, in einem Film über deren Leben infrage stellte. Für solche Fälle hat die Komikerin Sarah Silverman den Begriff »Jewfacing« kreiert. Lipman meint, dass niemand auf die Idee komme, dass Ben Kingsley die Rolle von Nelson Mandela spielen solle. Also warum erlaubt man bei Golda Meir eine nicht jüdische Besetzung? Schlechtes Beispiel: Kingsley war tatsächlich nie Mandela, aber die Rolle des Mahatma Gandhi hat er grandios gespielt. Denkt man daran, die Forderung in Deutschland umzusetzen, wäre das aktuell ziemlich kompliziert. Hier wird ja noch gestritten, wer sich als Jude bezeichnen darf.

Der Versuch, Minderheitsrollen im Film »authentisch« zu besetzen, tendiert dazu zu scheitern. So suchte Disney für die Neuverfilmung von »Aladdin« mit großem Aufwand einen Schauspieler mit arabischen Wurzeln, um bloß nichts falsch zu machen. Dabei ist es bis heute unklar, ob der Aladdin aus der Erzählung Araber, Inder oder Chinese war. Die *Geschichten aus Tausendundeine Nacht* haben ihre Vorbilder in persischer, mesopotamischer, indischer, jüdischer und ägyptischer Literatur – adaptiert wurden sie von einem weißen französischen Orientalisten.

Die kleine Schwester kultureller Aneignung ist die kulinarische Aneignung. Vergessen wir Yoga und Krav Maga – wir könnten den aktuellen Hype um die israelische und indisch-pakistanische Küche nutzen. Hummus, Falafel, Samosa und Pakora haben Konjunktur und dürfen inzwischen in keinem veganen Restaurant fehlen. Aber Moment mal, ist die israelische Küche nicht auch kulinarische Aneignung? Wem gehören eigentlich Falafel? Waren es jemenitische Juden, irakische Juden oder gar die Palästinenser, die die Urheberrechte besitzen? Als ob es nicht schon genug Konflikte um Land, Wasser und heilige Orte gäbe.

Wenn man es schafft, nicht über kulinarischen Besitz zu streiten, sondern eine gemeinsame Kochkultur zu entwickeln, entstehen nicht nur köstliche Gerichte, sondern auch Ansätze für eine Verständigung – wie im Kochbuch *Jerusalem* des palästinensischen Kochs Sami Tamimi und des israelischen Kochs Yotam Ottolenghi. Vielleicht sollte das Konzept der Fusion-Küche auch auf andere Aneignungsformen übertragen werden? Weder überkommene Klischees, schlechte Traditionen noch vermeintlicher kultureller Besitz brauchen Fürsprecher. Stattdessen sollten wir kulturelle Neugier belohnen – und uns bemühen, auf ihrer Basis gemeinsam etwas Neues zu erschaffen.

Gibt es Flüchtlinge erster und zweiter Klasse?

Warum jede Krise neue Willkommenskulturen schafft

Wenn wir beide über Krieg sprechen, stellen wir immer wieder fest, dass wir uns von unterschiedlichen Schlagzeilen angesprochen fühlen. Das äußert sich ungefähr so: »Schau mal, Deutschland hilft der Ukraine mit Strelas!« »Was bitte sind Strelas?« »Das sind uralte Luftabwehrraketen, die ich aus dem Militärdienst kenne. Diese sowjetischen Raketen waren schon zu meiner Militärzeit veraltet. Kampfjets erwischt man damit nicht, aber gegen Hubschrauber sind sie ziemlich effektiv.« »Hast du etwa einen Hubschrauber abgeschossen?« »Nein, aber in einer Übung habe ich mit der Strela einen Baum getroffen.« Wir sind beide gleichermaßen entsetzt über den Krieg, jedoch sind die Perspektiven andere. Das hängt mit unserer jeweiligen Sozialisation zusammen.

»Mein Kibbuz war von allen Seiten von einer militärischen Trainingszone umgeben. Bei unseren Spaziergängen auf den kargen Hügeln sammelten wir alte Munition, die wir als Deko oder Blumentöpfe umnutzten. Auch die Gasmasken, die wir während des Golfkriegs als Schutz gegen die Skat-Raketen aus dem Irak bekamen, haben wir zu Atemschutz beim Lackieren von Bettgestellen oder für Kostüme an Purim umfunktioniert.«

»Als ich elf Jahre alt war, brach der Kosovokrieg aus. Es war der erste Krieg, an den ich mich erinnern kann. Obwohl er in Europa war, blieb Krieg für mich etwas, das nur weit entfernt passiert. Erst als ich einige Zeit später zwei neue Mädchen aus dem Kosovo kennenlernte und diese davon erzählten, was ihnen und ihren Familien widerfahren war, verlor der Krieg seine Abstraktion. Denke ich an ihre Erzählungen, bin ich auch heute noch immer mitgenommen.«

Die Bilder und Nachrichten aus der Ukraine gehören inzwischen zum traurigen Alltag – umso schwerer fällt es, uns daran zu gewöhnen. Zerbombte Wohnhäuser, Angriffe auf Kliniken und Familien auf der Flucht. Auch wir haben uns gefragt, was wir tun können. Petitionen unterschreiben? Klar. Auf den Straßen demonstrieren? Selbstverständlich. Aber ist das nicht zu wenig? Spenden ist sicherlich sinnvoll. Aber soll man nicht noch mehr tun? An die polnisch-ukrainische Grenze fahren, um Menschen in Sicherheit zu bringen? Oder eine Familie in unserer Wohnung aufnehmen? Das ist doch eine gute Idee! Zwar ist unsere Wohnung überschaubar, aber nach dem längst überfälligen Ausmisten wäre genug Platz geschaffen. In der Bürger-Hotline wurden wir auf Websites verwiesen, um unseren Wohnraum anzubieten.

»Ich denke aktuell viel an die Erzählungen meiner Eltern, die in ihren ersten Jahren in Deutschland in den Achtzigerjahren immer wieder Flüchtlingen in ihrer

Dreizimmerwohnung in Frankfurt Unterschlupf geboten hatten. Nahezu jeden Monat waren es Bekannte von Bekannten, die einen irren Fluchtweg aus Pakistan hinter sich hatten. Bis heute erinnert sich meine Mutter daran, wie schwer es für sie war, sich mit drei Kleinkindern um so viele, meist unbekannte Männer zu kümmern, während mein Vater arbeitete. Vor allem in einer Wohnung mit Frankfurter Bad, in der sich die Dusche in der Küche befindet, war Privatsphäre ein Fremdwort.«

»Anfang der Neunzigerjahre teilte ich ein Zimmer im Kibbuz mit Lev, einem Neuankömmling aus der Ukraine. Damals kamen auf einmal Hunderttausende nach Israel und auch mehrere Dutzend Familien in unseren Kibbuz. Von Leningrad und Odessa in die Negevwüste: Nicht nur das Klima war für sie eine Herausforderung, sondern auch die Begegnung mit unserer levantinischen Mentalität. Wir waren laut, ungeduldig und erbärmliche Schachspieler. Auf unserer Seite kühlte die anfängliche Begeisterung über die Begegnung mit den jüdischen Brüdern und Schwestern schnell ab. Wir lachten über ihre Kleidung, Essgewohnheiten und den Akzent der ›Russen‹, wie wir sie alle nannten, egal ob sie aus Moldau, Kirgistan oder Georgien stammten. Mit Lev habe ich den Kontakt verloren, nachdem die Familie den Kibbuz verlassen hatte. Aber dafür, dass er mir das Schachspielen beigebracht hat, bin ich ihm noch heute dankbar.«

Jede Krise bringt neue »Willkommenskulturen« hervor. Mal zieht die Mehrheit mit, mal wird eher gestänkert, manchmal dominiert offener Menschenhass, und manchmal kippt die Stimmung über Nacht, so wie mit den vielen Empfangskomitees, die mit Stofftieren und Wasserflaschen an Bahnhöfen im Herbst 2015 die Flüchtlinge mit Applaus begrüßten. Die Begeisterung endete nach der Kölner Silvesternacht, in der es zu sexuellen Übergriffen kam. Als nach dem Angriff Russlands im Februar 2022 ukrainische Flüchtlinge nach Deutschland kamen, war das Mitleid der Deutschen groß, ihre Bereitschaft, Flüchtlingen aus der Ukraine zu helfen, auch. Viel größer als 2015, kritisierten einige. Die Rede war von Flüchtlingen erster und zweiter Klasse.

Die Berichterstattung legt das nahe. In der BBC war die Rede davon, dass es »europäische Menschen mit blauen Augen und blonden Haaren« seien, die getötet werden, weshalb alles viel emotionaler für »uns« christliche Europäer sei. Ein amerikanischer Journalist berichtete aus Kiew, dass die Ukraine nicht mit dem Irak oder Afghanistan zu vergleichen sei, weil es sich um ein »europäisches« und »zivilisiertes« Land handele. Im *Spiegel* lasen wir, dass sich 2015 »glücklicherweise nicht wiederholen werde«, da die Ukraine und Deutschland zwei Länder seien, die »zum christlich geprägten Kulturkreis gehören und nicht zu einem muslimisch geprägten«. Heißt das, jüdische und muslimische Ukrainer seien schwerer zu integrieren?

Es ist daher vielleicht nachvollziehbar, dass selbst bei antirassistischen Aktivisten – die sonst schnell »refugees welcome« rufen – ein gewisser Vorbehalt herrscht. Sie beklagen Doppelstandards, da hellhäutige und christliche Ukrainer willkommener seien als Flüchtlinge aus Syrien, Somalia und Afghanistan. Als sich Berichte über Diskriminierung von Schwarzen und Indern auf der Flucht häuften, denen an Bahnhöfen und an der polnischen Grenze die Ausreise verwehrt wurde oder die lange warten mussten, zeigten sich auch Politiker besorgt. Der Integrationsbeauftragte der SPD, Karamba Diaby, beklagte sich: »Diese Ungleichbehandlung ist unerträglich.«

Tendiert unsere Gesellschaft dazu, sich mit weißen Opfern stärker zu identifizieren? Darüber wird nicht nur hierzulande gestritten: In Israel wurde dies sogar im Kabinett diskutiert. Auf die Forderung des Diaspora-Ministers Nachman Shai, mehr ukrainische Flüchtlinge aufzunehmen, reagierte die schwarze Integrationsministerin Pnina Tamano-Schata scharf: »Für Flüchtlinge aus Äthiopien hast du dich nie eingesetzt. Das ist die Heuchelei des weißen Mannes!«

Kritik gibt es auch an der Aufmerksamkeitsökonomie: Erhält der Krieg in der Ukraine in der westlichen Welt doch so viel mehr Aufmerksamkeit als andere, ähnlich blutige Krisen im globalen Süden. In den sozialen Medien begegnete uns diese Kritik in Form eines Memes. Die westliche Welt wird wie eine Mutter illustriert, die fröhlich mit ihrem ukrainischen Kind im Wasser spielt, während die anderen Kinder – Palästina, Syrien, Libyen und der Irak – ertrinken. Ist es wirklich so, dass es die Solidarität mit den Ukrainern nur auf Kosten anderer Verfolgter gibt?

Dahinter steckt eine grundsätzlichere Frage, die unsere menschliche Natur betrifft: Gilt die Nächstenliebe tatsächlich nur für den unmittelbar Nächsten oder auch für den, der weiter entfernt ist? Über diese Frage wurde schon im achtzehnten Jahrhundert gestritten. Das Erdbeben in Lissabon 1755 erschütterte den Optimismus der jungen Aufklärung, führte etwa Rousseau zu der Frage, inwieweit die Distanz zum Leid der anderen das Ausmaß des Mitleids und somit der Hilfsbereitschaft beeinflusst. Über das Erdbeben schrieb damals Voltaire: »Lissabon liegt in Trümmern, und in Paris wird getanzt.« Was hat sich geändert? Heute erreichen uns Nachrichten von Kriegen und Katastrophen schneller, aber genauso schnell sind wir im Verdrängen. Kiew und Myropil liegen in Trümmern, und hier wird Fasching gefeiert.

Im Jahr 2004, nach dem Tsunami in Südostasien, erklärte der Soziologe Ulrich Beck die Diskussion über die Distanz zum Leid der anderen für beendet. Die breite Hilfsbereitschaft der Europäer deutete er damals als Beleg für das Ende dieser Distanz. In Zeiten globaler Mobilität, so seine Argumentation, verliere die räumliche Entfernung ihre Starrheit, und die geografische Distanz entscheide nicht mehr über den Grad des Mitgefühls. Eine steile These, denn die Aufmerksamkeit für die Weltgeschehnisse seither liefert dafür nicht unbedingt gute Belege. Nehmen wir die Bürgerkriege in Jemen oder Südsudan, die fast 700.000 Menschenleben gekostet haben. Wo blieb der öffentliche Skandal? Nennenswerte Hilfe aus dem Westen ließ auf sich warten.

Müssen wir ein schlechtes Gewissen haben, dass wir mit den Ukrainern mitfühlen und dabei sicherlich Millionen Opfer in anderen Konfliktregionen auf der Welt ignorieren? Die Frauen und Kinder aus der Ukraine können nichts dafür, dass auch im Jemen noch gekämpft wird oder nicht alle Ortskräfte aus Afghanistan nach Deutschland einreisen konnten. Es hilft niemandem, wenn Leid gegen anderes Leid ausgespielt wird.

Das Jerusalem-Syndrom

Wenn Ramadan, Pessach und Ostern zur selben Zeit stattfinden

Nach mehr als zwei Jahren Pandemie konnten wir im Frühjahr 2022 endlich die Familie in Israel besuchen. Im dichten Besuchsprogramm der vielen Verwandten hatten wir einen halben Tag für Jerusalem eingeplant. Ein paar Stunden Sightseeing, dann sollte es weiter Richtung Norden gehen. Gott oder das Schicksal hatten allerdings etwas anderes für uns geplant. Als wir am frühen Abend zum Parkhaus kamen, standen wir vor verschlossenen Toren. Kurz zuvor hatte der zweite Pessach-Abend begonnen, und das Parkhaus sollte für die nächsten drei Tage geschlossen bleiben. Busse und Bahnen fuhren auch nicht, die Mietwagenstationen waren nicht zu erreichen. Nun standen wir da – ohne Auto, ohne Unterkunft, mitten in Jerusalem. Auch der Windelvorrat war fast vollständig verbraucht.

Wir suchten ein Hotel im arabischen Ostjerusalem, wo der Alltag weiterlief, und fanden uns mit unserem Schicksal ab. Immerhin waren wir Opfer einer äußerst seltenen interreligiösen Konstellation geworden. Denn Ramadan, Pessach und Ostern zur selben Zeit – das passiert nur alle 33 Jahre. Und wo sonst lässt sich das am besten erleben, wenn nicht in der Heiligen Stadt der drei monotheistischen Religionen? Ein weiterer Vorteil daran, in Ostjerusalem gestrandet zu sein, war die Chance, dem allgegenwärtigen Pessach-Essen zu entkommen. Eine ganze Woche lang hatten uns die trockene Matze, das ungesäuerte Brot, die Kneidlach-Suppe – Hühnersuppe mit Matzenknödel – und das kalt-süße Fischgericht »Gefilte Fisch« verfolgt. Die traditionellen Gerichte, die vor Hunderten Jahren in Osteuropa entstanden waren, lagen uns schwer im Magen. Bei nahezu jedem Besuch jüdischer Freunde und Verwandter waren wir damit verwöhnt worden. Den Entzug von Brot und Teigwaren konnten wir im muslimischen Teil Jerusalems kompensieren. Wie erfrischend, am Damaskustor die traditionellen Jerusalem-Sesambagel frisch aus dem Ofen mit der Gewürzmischung Za'tar zu essen! Die unzähligen Stände mit Bergen von Süßigkeiten, in der Luft der unverwechselbare Geruch von Frittiertem: Qatayef, gesüßte Pfannkuchen, die mit Puddingcreme oder Walnüssen gefüllt und zu Tütchen gefaltet werden. Die arabische Süßigkeit wird besonders im Fastenmonat Ramadan gegessen. Kurz vor dem Fastenbrechen verschenkten Jugendliche in den Gassen Datteln und Wasser, um das Fasten auf traditionelle Art zu beenden.

Beim Schlendern durch die Altstadt war die besondere Stimmung überall zu spüren. Hier finden sich auf nur einem Quadratkilometer gleich mehrere heilige Orte für Muslime, Juden und Christen. So begegneten uns ultraorthodoxe Männer in ihrer Tracht, die sich laut auf

Jiddisch unterhielten, auf dem Weg zur Kotel, der Klagemauer; weiß gekleidete Pilgergruppen auf der Via Dolorosa Richtung Grabeskirche; verschleierte Frauen beim Einkaufen für das Iftar-Essen nach dem Gebet in der Al-Aksa-Moschee am Felsendom.

Nach zwei Jahren mit geschlossenen Gotteshäusern war von der Pandemie nichts mehr zu spüren. Immer wieder liefen wir an überfüllten Moscheen, Synagogen und Kirchen vorbei. Wir schlossen uns dem Menschenstrom zur Klagemauer an, zusammen mit orthodoxen Juden, Touristen und israelischen Grenzschutzpolizisten. An der Mauer selbst gibt es eine strenge Trennung zwischen Männern und Frauen. Wir fragten einen Ordner nach dem gemeinsamen Gebetsbereich an der Klagemauer – dieser wurde 2016 vom israelischen Kabinett beschlossen. »Also, wenn du mich fragst, wird es diesen auch in den nächsten 2000 Jahren nicht geben«, kam prompt die Antwort. Den heiligen Ort darf man als Mann nur mit einer Kopfbedeckung betreten, als Nichtjude bekommt man eine Kippa ausgeliehen. Anders lief es am Eingang zum Felsendom, der von der islamischen Behörde namens Waqf beaufsichtigt wird. Als Nichtmuslim wird man schulterzuckend abgewiesen.

»Ich musste erst mal beweisen, dass ich muslimisch bin. Nachdem die Wächter meine fehlende Kopfbedeckung moniert hatten, forderten sie mich auf, die erste Sure des Korans zu zitieren. Dass mir das Auswendiglernen von Koranversen auch mal einen Vorteil bringen kann, hätte ich als Kind wohl nicht geahnt. Als die Wächter mich schließlich durchließen, kam ein Jugendlicher auf mich zu und bot mir verschiedenfarbige Abayas zur Ausleihe an, ein langes, lockeres Gewand, das ich für den Besuch tragen sollte. Erst als ich ausreichend bedeckt war, durfte ich eintreten.«

Am folgenden Tag lasen wir beim Frühstück, dass zwei Menschen bei Unruhen am Tempelberg verletzt worden waren. Hier, nur wenige Hundert Meter entfernt, war davon kaum etwas zu spüren – abgesehen von den zahlreichen Sicherheitskräften. An der Wand hing eine Israelkarte mit der Aufschrift »Palästina«. Jüdische Städte und Dörfer waren nicht eingezeichnet. Im Gespräch mit einem Kellner fragten wir naiv, ob es nicht schön wäre, wenn am Tempelberg alle Religionen ihren Platz finden würden. »Die Moschee gehört uns. Wir müssen sie beschützen und werden keine Juden reinlassen.« Was ist mit dem jüdischen Tempel, der vor 2000 Jahren dort stand? Nur eine zionistische Lüge, erwiderte er. Eine ähnliche Antwort bekamen wir von zwei jüdisch-orthodoxen Männern. »Der Tempelberg ist jüdischer Besitz. Muslime sollen doch in Mekka beten.«

So eng Juden und Muslime hier beieinander leben, so weit gehen doch manche Vorstellungen und Forderungen auseinander. Leider geben auch hier diejenigen den Ton an, die am lautesten sind. Wir suchten vergeblich nach den Zwischentönen, begegneten aber vor allem Menschen, deren religiöse Überzeugung alleinigen Anspruch auf die heiligen Orte erhebt. Für viele Juden ist der Har haBayit der heiligste Ort, bis zur Zerstörung des Zweiten Tempels um 70 nach Christus durch die Römer. Für viele Muslime ist der Felsendom der Ort, an dem der Prophet

Mohammed eine Reise in den Himmel angetreten hat. Ob das so war oder nur ein Traum – darüber herrscht unter Muslimen kein Konsens.

Seit 1967 eskalieren die Auseinandersetzungen um den Tempelberg regelmäßig: Muslime lassen nicht zu, dass Juden – wie auch jede andere Religionsgruppe – in diesem Gebiet beten. Und fundamentalistische Juden wie die Gruppe der »Nemanei Har haBayit«, die selbst ernannten Tempelberg-Treuen, versuchen immer wieder, dort den Grundstein für den dritten Tempel zu legen. Extremistische Gruppen von beiden Seiten versuchen, die angespannte Situation vor Ort zum Explodieren zu bringen. Anfang der Achtzigerjahre vereitelte der israelische Inlandsgeheimdienst den Plan einer jüdischen extremistischen Gruppe, den Felsendom zu sprengen. Die Gruppe wollte damit den endgültigen Religionskrieg provozieren, um die Ankunft des jüdischen Messias herbeizuführen.

Wie Paris Romantiker anzieht, Rio de Janeiro Sambatänzer oder London saudische Milliardäre, so scheint Jerusalem ein Magnet für religiöse Fundamentalisten zu sein. Es ist nicht so klar, wer schuld ist: Sind es die Fundamentalisten, die scharenweise nach Jerusalem kommen, oder ist es die Stadt, deren besonderes Flair die Menschen durchdrehen lässt? Schon lange ist in der Psychologie vom »Jerusalem-Syndrom« die Rede. Einige Besucher verfallen in der Heiligen Stadt einem religiösen Wahn und halten sich selbst für Jesus, König David oder einen Propheten. Tüchtige Händler in der Altstadt bedienen das Geschäftspotenzial: Wir beobachteten, wie ein Verkäufer seine Tasche mit Schlüsselanhängern am

Jesusgrab rieb, um sie anschließend teuer zu verkaufen. Ein anderer verkaufte leere Dosen mit Luft aus der Heiligen Stadt. Wir begnügten uns mit weniger spirituellen Souvenirs und zahlten deftige Touristenpreise für Halva, Gewürzmischungen und Topfuntersetzer.

Am Sonntagvormittag konnten wir endlich unser Auto aus dem Parkhaus holen. Während die hügelige Landschaft Jerusalems in immer weitere Ferne rückte, stellten wir uns die großen Fragen: Was treibt Menschen dazu, für Steine oder Gräber ihr Leben aufs Spiel zu setzen und Gewalt gegen andere auszuüben? Bin ich ein schlechter Jude? Eine schlechte Muslima? Wir beide spürten keine geistige Verbindung mit den heiligen Stätten. Stimmt etwas nicht mit unserem Glauben, weil wir mit dem Hype um die Heiligtümer nicht viel anfangen können? Wir hoffen, dass sich alle Juden und Muslime irgendwann die Vorstellung des Jerusalemer Philosophen Jeschajahu Leibowitz zu eigen machen: Er glaubte, dass das Heilige nicht in Orten und Gegenständen stecke, sondern in Gott selbst. Die Tage in Jerusalem haben uns allerdings wenig Hoffnung dafür gegeben.

Wir fuhren weiter. Linker Hand das Mittelmeer, vor uns der Berg Karmel und die Stadt Haifa. Auch dort leben Juden, Muslime und Christen. Hier funktioniert das Zusammenleben ganz gut, weshalb Haifa als Vorbild gilt. Der einzige heilige Ort gehört der Bahai-Religion, die jüngste monotheistische Weltreligion. Ein Glück, dass Moses, Jesus und Mohammed nicht in Haifa waren.

Ausschlafen will gelernt sein

Urlaub machen wie die Deutschen

Krise hin oder her – sobald die Temperaturen steigen, fragen die Ersten: Wohin geht's in den Ferien? In den Medien geben Tourismusexperten Prognosen über Hotspots und Tipps für den besten Sommerurlaub. Wir navigieren ziellos durch die Tourismusseiten und stolpern über »Trenddestinationen« und »Best in Travel-Rankings«. Überfordert von der Informationsflut, haben wir immer noch nichts gebucht. Der Stress steigt. Nicht dass wir am Ende unsere freien Sommertage in Fulda verbringen müssen! Doch müssen erst einige grundlegende Entscheidungen getroffen werden: Wandern mit Zelt oder Hotel am Strand? Klimaneutral mit der Bahn oder mit dem Billigflieger in den Süden? Familie im Ausland besuchen oder lieber dorthin, wo uns niemand kennt? Unsere Vorstellungen gehen immer wieder auseinander.

»Urlaub bedeutete für uns, die Verwandtschaft zu besuchen: an allererster Stelle in Gelsenkirchen oder Hamburg. Aber es ging auch mal nach Pakistan und Kanada. Man machte es sich auf Matratzen im Wohnzimmer des Cousins dritten Grades bequem und ging zum x-ten Mal in den unvergesslichen Ruhr Park oder ins Phantasialand. Mit sieben Jahren besuchte ich zum ersten – und einzigen – Mal meine Großeltern in Pakistan. Die Kombination aus Hitze und Kampfmücken prägt meine Erinnerung an den Urlaub. Wegen der Hitze entschied sich meine Mutter, mir die Haare ganz kurz zu schneiden. Als ich mit dem neuen Haarschnitt zurückkam, fragte eine aus meiner Klasse, ob ich ein neuer Schüler sei. Während meiner Schulzeit dachte ich immer wieder darüber nach, wie es wäre, so wie die Deutschen an der Nordsee oder in der Toskana Urlaub zu machen.«

»Urlaub im Ausland machen durften im Kibbuz nur Erwachsene – alle sieben Jahre war man an der Reihe. Wenn es so weit war, musste jede Minute durchgeplant sein. Zwei Wochen, sechs Länder, kein Highlight verpassen und alles fotografieren. Denn zur Tradition gehörte, dass die Reisenden nach ihrem Urlaub den gesamten Kibbuz zu einer Diashow einluden. Der Grand Canyon, der Eiffelturm und Aufnahmen der Wachablösung vor dem Buckingham Palace: Anhand der Fotos an der Wand versuchten wir Kinder uns die Welt ›da draußen‹ vorzustellen. Keine Reise ging nach Deutschland. Damals galt es noch als Tabu, Urlaub im ›Land der Täter‹ zu verbringen. Kinder durften ins abenteuerliche Ferienlager in der Wüste oder gelegentlich für einen Kurztrip nach Tel Aviv oder Jerusalem.«

Urlaub haben wir beide anders als hierzulande erlebt, doch bemühen wir uns, uns an die Urlaubskultur der Deutschen anzupassen. Zugegeben, es gibt Grenzen: Tennissocken mit Sandalen werden wir nicht tragen und auch keine Liegen mit Handtüchern reservieren. Was uns inzwischen aber ziemlich gut gelingt: ständig über den Urlaub reden! Wie war der letzte? Wohin geht der nächste? So kann jedes peinlich schweigsame Gespräch gerettet werden.

»Urlaub war kein richtiges Gesprächsthema bei uns zu Hause. Da nur mein Vater erwerbstätig war, war es immer auch eine finanzielle Frage, ob und was mit vier Kindern möglich war. Beim jährlichen Urlaubsantrag orientierte sich mein Vater an muslimischen Feiertagen wie Ramadan und Veranstaltungen der Gemeinde, die nur hin und wieder in die Schulferien fielen. Ein paar Urlaubstage ließ er frei – für Notfälle, sagte er immer. Das war beispielsweise der Fall, als meine Großeltern krank wurden und er häufiger nach Pakistan reisen musste. Für meinen Vater, der täglich um drei Uhr morgens zur Arbeit fuhr und sich so gut wie nie krankmeldete, war Urlaub immer mit schlechtem Gewissen verbunden: ›Nicht, dass die mich rausschmeißen‹, sagte er oft.«

Wegen Urlaub gekündigt werden? Klingt übertrieben. Aber das kann selbst einer Umweltministerin passieren, die ausgerechnet kurz nach der Flutkatastrophe an der Ahr in den Familienurlaub fährt. Als die Kritik an Ursula Heinen-Esser (CDU) und Anne Spiegel (Grüne) laut wurde, mussten beide zurücktreten. Wir haben uns gefragt, ob die öffentliche Empörung übertrieben war. Heinen-Esser fuhr nach Mallorca, um den Geburtstag ihres Ehemanns zu feiern. Spiegel war fast zur gleichen Zeit im Familienurlaub in Frankreich. Wie sie später berichtete, hatte ihr Mann zuvor einen Schlaganfall erlitten. In Israel würden solche Urlaubsskandale wahrscheinlich nicht zu einem Rücktritt führen. Vor ein paar Jahren empfahl der damalige Ministerpräsident Naftali Bennet den Israelis, an Chanukka wegen der Omikron-Variante das Land nicht zu verlassen. Zwei Tage später flog seine Frau mit den gemeinsamen Kindern in den Auslandsurlaub. Zwar gab es öffentliche Kritik, aber niemand dachte ernsthaft, dass er deshalb zurücktreten würde.

Anders kennt man es aus Amerika: Arbeitnehmer haben viel weniger Urlaubstage als hierzulande, doch die Präsidenten verbringen mehrere Monate in Resorts oder ihren Anwesen. Donald Trump war ein Drittel seiner Amtszeit im Urlaub, meistens zum Golfen. George W. Bush war sieben Monate im Amt, als er dreißig Tage Urlaub auf seiner texanischen Ranch machte. Als 2005 der Hurrikan Katrina in New Orleans tobte, unterbrach er seine Ferien nicht. Durch Katrina verloren fast 2000 Menschen ihr Leben, nicht aber der Präsident seinen Job.

Warum sind, wenn es um Freizeit geht, keine Fehltritte erlaubt? Unsere kollektive Geduld endet offenbar beim Verdacht auf Faulheit. Und was ist ein unberechtigter Urlaub, wenn nicht ein Zeichen der Faulheit? Max Weber hat es schon Anfang des vergangenen Jahrhunderts in seiner Schrift »Die protestantische Ethik und der Geist des Kapitalismus« erkannt: Arbeit gilt als Dienst für Gott. Nach Webers Logik fühlen sich Protestanten schuldig, wenn sie Freizeit haben. Arbeiten, Produktivsein und Sparen sind demnach die echten protestantischen Tugenden. Aber es war der Katholik Helmut

Kohl, der warnte: »Wir können die Zukunft nicht dadurch sichern, dass wir unser Land als kollektiven Freizeitpark organisieren.«

»Protestantisch ging es auch bei uns im Kibbuz zu. Produktiv sein galt als wichtigste Tugend; das Schlimmste war, wenn jemand als Parasit bezeichnet wurde. In der Hochsaison mussten wir Jugendlichen am Schabbat morgens um sieben startklar sein, um Pfirsiche, Nektarinen und Avocados zu pflücken. Hier in Deutschland musste ich mich erst daran gewöhnen, am Wochenende auch mal zu entspannen – und auszuschlafen! Manchmal wünsche ich mir, in dieser Sache jüdischer zu sein. Am Schabbat ist für Juden eigentlich Ruhe angesagt. Und man muss es ja nicht so wörtlich nehmen wie die Orthodoxen, die an diesem Tag weder Auto noch Bahn fahren, nicht telefonieren und nicht einmal den Lichtschalter betätigen.«

Die Coronazeit hat das Verhältnis von Arbeit, Urlaub und Freizeit durcheinandergebracht. Im Lockdown sahen unsere Urlaubs- und Feiertage ziemlich ähnlich aus wie die Arbeitstage: Nicht nur haben wir das Gefühl, während Corona mehr gearbeitet zu haben. So zeigte eine Studie der Harvard-Universität, dass sich in Ländern, in denen es einen Lockdown gab, die Arbeitszeiten um durchschnittlich zehn Prozent erhöhten. Als eine Art »Coronabonus« forderte der Bundestagsabgeordnete Dirk Wiese (SPD) mehr Urlaubstage im Jahr, mit der Begründung, dass unter anderem Feiertage immer wieder aufs Wochenende fielen. Die verlorenen Feiertage, so die Idee, könnten am folgenden Montag nachgeholt werden.

Nach Ansicht des arbeitgebernahen Instituts der deutschen Wirtschaft sollte allerdings genau das Gegenteil getan werden. Vor einiger Zeit forderte es, Urlaub und Feiertage zu reduzieren, um die Arbeitszeit zu steigern. Argumentiert wurde mit der Leistung europäischer Nachbarn wie der Schweiz oder Schweden, die weniger freie Tage haben.

Mehr oder weniger Urlaub – das ist für uns nicht die Frage. Wir klicken uns weiter durch auf der Suche nach Ideen für unseren Sommerurlaub. Wenn wir uns für keines der Angebote begeistern können, bleiben wir in Frankfurt und renovieren die Küche. Das steht längst auf der Liste. Nennen wir es doch Integrationsurlaub!

Der Koran kennt viele Geschlechter

Über die Transgender-Debatte im Judentum und im Islam

Zum Auftakt des Pride Month im Juni 2022 veröffentlichte *Die Welt* einen umstrittenen Beitrag von fünf Gastautoren, die dem öffentlich-rechtlichen Rundfunk Indoktrination und Sexualisierung von Kindern vorwarfen. Demnach würden »Transaktivisten« die Macht über Medien und Politik übernehmen. Wir sind sicherlich keine Experten für Genderfragen, aber die dort zur Schau getragene Feindseligkeit hat uns nicht kaltgelassen. Es gab noch mehr davon: In einem fünfzigseitigen Dossier wollten die Autoren belegen, dass die Berichterstattung in die Hände von »Queer-/Lobbygruppen« geraten sei. Der Geheimplan bestehe darin, den Boden für die angekündigte Reform des Transsexuellengesetzes zu bereiten.

Den dazugehörigen Aufruf »Schluss mit der Falschberichterstattung des öffentlich-rechtlichen Rundfunks!« unterzeichneten rund 120 Wissenschaftler. Sogar dem Springer-Verlag ging das zu weit: Drei Tage später distanzierte sich der Vorstandsvorsitzende Mathias Döpfner von dem Gastbeitrag, den er als »unterirdisch« und »bestenfalls grob einseitig« bezeichnete. Als Protest gegen das »Einknicken« vor »der Tyrannei der woken Aktivisten« kündigte wiederum die *Bild*-Journalistin Judith Sevinç Basad.

Das war freilich nicht die erste Diskussion über Transmenschen, die die Gemüter bewegt. Auch die Autorin J.K. Rowling wurde wegen ihrer Äußerungen angefeindet. Im Sommer 2020 hatte sie auf Twitter einen Artikel verlinkt, in dem es um »menstruierende Menschen« ging, mit dem abfälligen Kommentar: »Ich bin sicher, dass es früher ein Wort für diese Menschen gab. Kann jemand helfen?« Damit machte sie sich über inklusive Formulierungen lustig, der Shitstorm zeigte aber auch, mit welcher Aggressivität die Gegenseite reagiert: In den sozialen Medien kursierten Morddrohungen, Aktivisten verbrannten Harry-Potter-Bücher. In Blogs wurde diskutiert, ob Transmenschen noch Harry-Potter-Bücher kaufen sollten.

Wie so häufig ist es eine laute Minderheit, die auch bei berechtigten Anliegen den falschen Weg einschlägt. Identitätspolitische Themen werden bisweilen verbissen debattiert. Doch beobachten wir, dass um dieses Thema besonders erbittert gestritten wird. Als mit Nyke Slawik und Tessa Ganserer (beide Bündnis 90/Grüne) erstmals zwei Transpersonen in den Bundestag einzogen, war das für viele eine Provokation. Die stellvertretende AfD-Fraktionsvorsitzende Beatrix von Storch sagte in einer Rede: »Wenn Ganserer Rock, Lippenstift, Hackenschuhe trägt, dann ist das völlig in Ordnung. Es ist aber seine Privatsache. Biologisch und juristisch ist und bleibt er ein Mann.« Auch das feministische Magazin *Emma* beklagte, dass mit Ganserer ein Mensch, »der physisch und rechtlich ein Mann« sei, einen Frauenquotenplatz besetze.

Vor einiger Zeit begegnete uns das Thema beim Sommerfest unseres Sportvereins. Es wurde heiß diskutiert, wie man mit dem Mädchen umgehen solle, das als Junge geboren wurde und nun mit den körperlichen Fähigkeiten eines Jungen gegen Mädchen antritt. Einige Eltern hatten Sorge, dass ihre Töchter es wegen der unfairen Konkurrenz nicht mehr auf das Siegerpodest schaffen würden. Monate später hat sich die Aufregung gelegt, nachdem sich herausstellte, dass sich die Leistungen des Transmädchens eher im Mittelfeld bewegen. Auch im professionellen Sport wird das Thema debattiert. Im März verbat der Weltradsportverband UCI der Britin Emily Bridges die Teilnahme an nationalen Meisterschaften, weil sie einmal ein Mann war. Der Grund: Ihre Teilnahme könnte die Fairness des Wettkampfes gefährden.

Wie wird eigentlich diese Debatte in unseren Herkunftsländern geführt? Interessanterweise können Israel als auch Pakistan in der Sache punkten – wenn auch sehr unterschiedlich. 1998 schrieb die israelische Sängerin Dana International Geschichte: Sie war die erste (und bis heute letzte) Transfrau, die den Eurovision Song Contest gewann. Zu Hause war der Stolz auf die Siegerin überwältigend. Sie wurde in die Knesset eingeladen und wurde von den Parlamentariern gefeiert. Nur eine Handvoll ultraorthodoxe Knesset-Abgeordnete wichen der Begegnung mit der Sängerin aus. Nicht überraschend, dass sie den Untergang der jüdischen Kultur beklagten. Auch die israelische Armee gilt als Vorbild für die Akzeptanz von Transmenschen. Schon vor etwa einem Jahrzehnt absolvierte der Transmann Ofer Erez eine Offizierslaufbahn. Inzwischen stehen Transmenschen (fast) alle Türen offen, vom Aufklärungsdienst bis zum Piloten. Auch wenn aktuell die religiösen Kräfte in der israelischen Gesellschaft gegen die Gleichberechtigung von Transmenschen sind, ist das Judentum an sich nicht grundsätzlich transfeindlich. Vielmehr ist der Umgang mit Transgender im Judentum wie im Islam in Theorie und Praxis durch Widersprüche gekennzeichnet.

In den jüdischen religiösen Quellen wird Transsexualität nicht explizit thematisiert. Im Talmud wird zumindest das dritte Geschlecht anerkannt, wohl durch griechische Einflüsse. In einer anderen einflussreichen rabbinischen Quelle, der »Schulchan Aruch« aus dem sechzehnten Jahrhundert, wird die Frage diskutiert – und am Ende bejaht, ob sich Männer als Frauen verkleiden dürfen. Anlass dafür gab Purim, das jüdische Verkleidungsfest. Auch der Islam, das mag einige überraschen, ist nicht grundsätzlich transfeindlich. Insbesondere unter progressiven Islamtheologen herrscht Konsens darüber, dass auch im Koran andere Geschlechter – etwas »zwischen« Mann und Frau, ohne weitere Ausführungen – erwähnt werden. Diverse Hadith, Aussprüche des Propheten Mohammed, würden die Anerkennung von Transmenschen belegen. Doch bringt das den Betroffenen nicht viel, denn die Praxis in den meisten islamisch geprägten Staaten und Gesellschaften ist transfeindlich.

In Pakistan jedoch genießen Transmenschen rechtliche und in Teilen auch gesellschaftliche Anerkennung. Vor vier Jahren wurde Marvia Malik die erste Transgender-Nachrichtensprecherin im pakistanischen Fernsehen. Sie ist mittlerweile eine der bekanntesten Aktivistinnen des Landes. Seit 2009 gibt es dort den offiziellen dritten Geschlechtseintrag für Hijras – so der Begriff für Transmenschen und Transvestiten (mittlerweile ist »Khwajasara« der politisch korrekte Begriff).

In Pakistan wird das Geschlecht nach dem Identitätsempfinden definiert. Juristisch sind Transmenschen »alle, deren geschlechtliche Identität oder geschlechtliche Selbstdarstellung von den sozialen Normen und den kulturellen Erwartungen abweicht, die mit dem Geschlecht, das ihnen bei der Geburt zugeschrieben wurde, verbunden sind«. Offizielle Zahlen gibt es nicht, aber man geht von bis zu 500.000 Khwajasaras in Pakistan aus. Was in der pakistanischen Gesellschaft nämlich nicht zur Debatte steht, ist, dass auch Transmenschen Teil der muslimischen Gemeinschaft sind.

Oft gelten Transfrauen als religiös, traditionell wird ihnen eine besondere Spiritualität zugesprochen. Leicht haben sie es trotzdem nicht: Ihre Angehörigen verstoßen sie häufig. Meistens leben sie isoliert von der Gesellschaft, dafür gemeinsam in eigenen Communitys – so wuchs auch die Nachrichtensprecherin Malik auf. Sie sind meist arm, und alltägliche Anfeindungen sowie Diskriminierungen gehören trotz der rechtlichen Anerkennung zur Normalität. Der März 2018 gilt daher als Revolution für Transmenschen in Pakistan: Denn da wurde zu ihrem Schutz ein Antidiskriminierungsgesetz verabschiedet, das selbst von konservativen Parteien unterstützt wurde.

Wir haben uns gefragt, worin sich Akzeptanz von Transmenschen in Deutschland im Vergleich zu unseren Herkunftsländern unterscheidet. Uns kommt der Umgang hier verkrampfter vor. Als wir vor einigen Jahren in einem linksautonomen Zentrum zu einem Podiumsgespräch eingeladen waren, fiel uns dies auf. Direkt am Eingang war fast in Leinwandgröße ein Plakat zu sehen. Es ging um sprachliche »Dos and Don'ts« im Umgang mit Transmenschen. Mit einer Tabelle wurde didaktisch gezeigt, welche Ausdrucksformen korrekt sind. So lernten wir, dass das Wort »Geschlechtsumwandlung« nicht verwendet werden soll. Stattdessen sei »Geschlechtsangleichung« angesagt. Ebenfalls zu den »Don'ts« zählt demnach die Formulierung: »Ein Transmann ist eine Frau, die irgendwann merkt, dass sie als Mann leben will« – richtig ist: »Ein Transmann ist ein Mann, der bei seiner Geburt aufgrund äußerer Merkmale für ein Mädchen gehalten wurde.« Auf Urdu und Hebräisch konnten wir auch nach intensiver Recherche keine solchen Anweisungen finden. Irgendwie klang das sehr deutsch, dachten wir.

Soll Aktivismus nerven?

Wenn sich Menschen gegen Konventionen stellen

Ein Gespenst geht um in Deutschland: das Gespenst des Aktivismus. So konnte man jedenfalls vor einiger Zeit denken, wenn man die Schlagzeilen verschiedener Zeitungen las. »Linke Aktivistin soll Beauftragte für Antidiskriminierung werden« titelte die *Berliner Zeitung*. In der *FAZ* wurde geurteilt: »Das Beauftragtenwesen ist Aktivismus.« Droht uns also Gefahr, dass der Staat durch Aktivisten infiltriert wird und wir bald Bundesbeauftragte haben, die sich an Bäumen im Hambacher Wald anketten oder Polizeiautos abfackeln?

Was war der Anlass? Die Bundesregierung hatte die Autorin Ferda Ataman als Leiterin der Antidiskriminierungsstelle des Bundes vorgeschlagen. Diese hatte zuvor Dinge gesagt, die einige FDP-Politiker, *Bild*-Redakteure und Kartoffelbauern auf die Palme brachten. Sie warfen ihr unter anderem vor, als *Spiegel*-Kolumnistin einst den Begriff »Kartoffel« für Deutsche verwendet und den Begriff »Clankriminalität« kritisiert zu haben. Und fertig war das Urteil: gefährliche Nähe zur Identitätspolitik.

Wir müssen jetzt aufpassen, dass unsere eigene Kolumne nicht als aktivistisches Manifest verstanden wird. Schließlich machen auch wir uns gelegentlich mit identitätspolitischen Anliegen gemein. Tatsächlich wurde uns deshalb schon das eine oder andere Mal vorgeworfen, aktivistisch zu sein. Und das, obwohl wir doch sowieso schon zu alt und spießig dafür sind! Fast schon nostalgisch blicken wir auf unsere jeweiligen aktivistischen Zeiten zurück. Seien es Friedensdemonstrationen in Israel oder Proteste gegen Studiengebühren in Frankfurt.

Aber vielleicht noch einmal von vorn. Warum ist es eigentlich zur Beleidigung geworden, aktivistisch zu sein? Die Aktivisten Raúl Krauthausen und Benjamin Schwarz haben vor Kurzem in einem Buch herauszufinden versucht, wie »konstruktiver Aktivismus« gelingen kann. Sie stellen fest, dass Aktivismus eine Vollzeitbeschäftigung ist. Mehr noch: »Für Aktivist*innen ist eine Welt ohne das Problem, das sie bearbeiten, manchmal schwer vorstellbar. Es begleitet sie das ganze Jahr über, jeden Tag, rund um die Uhr. Sie stecken so tief in der Materie, dass für sie gar keine Auswege in Sicht sind.« Wenn das die Kriterien für Aktivismus sind, fallen wir im Aktivistentest ganz sicher durch. Zu sehr bestimmt das Kleinklein unseren Alltag.

Im Buch werden viele Sorten von Aktivisten vorgestellt, seien es Inklusionsaktivisten, Klimaaktivisten, Antirassismusaktivisten oder, Achtung: Demokratieaktivisten! Es fällt auf, dass wir es hier mit Menschen zu tun haben, die eher für linkspolitische Themen stehen. Kein Zufall, denn die Autoren definieren Aktivismus als den Einsatz für ein bestimmtes politisches Ziel, das fortschrittlich und nicht menschenfeindlich ist.

Aktivismus gab es allerdings schon immer und in jeder politischen Couleur. Die Bewegung für das Frauenwahlrecht von der Mitte des neunzehnten Jahrhunderts an kann man genauso dazuzählen wie die wilden Zeiten, als Joschka Fischer und Daniel Cohn-Bendit in den Siebzigern an den Fließbändern bei Opel in Rüsselsheim schufteten – aber auch die Coronajahre, als Verschwörungsgläubige gegen die Corona-Hygieneregeln auf die Straßen gingen. Denn Aktivismus ist erst einmal nur eine Form des Handelns, aber keine eigenständige Ideologie. Wenn Linke den Aktivismus für sich allein beanspruchen, ignorieren sie, dass aktivistische Methoden auch von rechter Seite angewendet werden. Etwa wenn Aktivisten der rechtsextremen »Identitären Bewegung« das Brandenburger Tor erklimmen und ein migrantenfeindliches Banner aufhängen. Oder wenn Trumps Anhänger das Capitol stürmen.

In der allgemeinen Diskussion wird der Begriff Aktivismus von konservativer Seite zunehmend zur Diffamierung linker und linksliberaler Positionen verwendet. Als bedeute aktivistisch zu sein zugleich, unprofessionell, aggressiv und ideologisch verblendet zu sein. So geschehen zum Beispiel, als der *Welt*-Chefredakteur Ulf Poschardt über Aktivisten raunte, die in Berlin für die Enteignung von Wohnungen eintraten. Er verglich ihre Forderungen mit der Enteignung der Juden während der NS-Zeit. Wenn ein einflussreicher Journalist in die Kerbe der Holocaust-Relativierung schlägt: Ist er dann noch Journalist oder schon Aktivist?

Wer anderen Aktivismus vorwirft, stellt sich damit selbst als vermeintlich besonnen und objektiv dar. Interessant, dass ausgerechnet diejenigen, die Ferda Ataman Aktivismus unterstellten, selbst alles andere als besonnen und objektiv agieren. Dazu gehören etwa Publizisten wie Hamed Abdel-Samad und Henryk M. Broder – gern gesehene Gäste bei Alice Weidel & Co –, die beide in rechten Blogs *Tichys Einblick* und *Die Achse des Guten* gegen die Autorin wetterten. Stellt sich die Frage, wer hier eigentlich Aktivist ist? Dicht hinter ihnen folgt Ahmad Mansour, der nach der Nominierung Atamans kaum einen Tag vergehen ließ, ohne seine Sorge über ihre Personalie zu äußern – sei es auf X, in Kolumnen oder Interviews. Nach welchen Kriterien wird eigentlich die Politologin Ataman als »linke Aktivistin« gelabelt, der besorgte Mansour aber als »renommierter Experte«? Da der Bundestag sie inzwischen – mit den Stimmen der meisten FDP-Abgeordneten – nun als Antidiskriminierungsbeauftragte gewählt hat: Gilt sie nun als vom Vorwurf des Aktivismus freigesprochen und als Expertin anerkannt?

Zurück zur Frage, woher das schlechte Image des Aktivismus rührt. Wenn wir ehrlich sind, dann liegt es nicht allein an Konservativen, die sich ständig über linke Aktivisten beklagen. Soziale Medien haben die bequeme Sorte von Aktivismus popularisiert. Jeder kann leicht mitmachen: ein Retweet hier, ein »Gefällt mir« dort und schnell noch einen Hashtag gesetzt. Mit Instant-Aktivismus kann jeder mit zwei Klicks zu Rosa Parks oder Che Guevara werden oder nach dem Hochladen der Insta-Story noch schnell mit einem Schild auf einer Demo vorbeischauen. So erntete die weiße Influencerin Kris Schatzel aus den USA viel Spott, nachdem sie stark geschminkt und in Abendgarderobe auf einer Black-Lives-Matter-Demonstration posierte.

Neben solchen eher peinlichen Aktionen kann Aktivismus auch mal gänzlich falsche Richtungen einschlagen. Vor allem, wenn die Energie nicht für die gute Sache eingesetzt, sondern in innerlinke Selbstzerfleischung investiert wird. Schnell werden Mitstreiter zu Feinden erklärt, wie es vor einiger Zeit die Autorin und Feministin Sophie Passmann erleben musste. Auslöser war ein Interview in der Schweizer Zeitschrift *Annabelle*, in dem sie kritisiert, dass einzelne Personen aus Minderheitsgruppen in den Medien »zum vermeintlichen Sprachrohr« der Gesamtgruppe gemacht werden. Als Beispiel nennt sie schwarze Frauen, die nur zum Zweck der Repräsentation eingeladen werden. Die Empörung von Aktivisten in den sozialen Medien ließ nicht lange auf sich warten. Passmann wurde Rassismus vorgeworfen, sie sei unsolidarisch mit schwarzen Frauen und – das ist wohl die schlimmste Beschimpfung in einigen Kreisen – würde wie »alte weiße Männer« denken. Nach 48 Stunden der Entrüstung im Netz folgte Passmanns sehnlichst erwartete Antwort. Wenig überraschend, dass sie sich für ihre Worte entschuldigte und versprach, in den folgenden Wochen noch mehr nachzudenken. Und, wie immer, gab es nun einige, die ihre Entschuldigung annahmen und sie unterstützten, und andere, die Passmann – egal was sie gesagt hätte – zur persona non grata in aktivistischen Kreisen erklärten.

Uns kommt diese Dynamik bekannt vor. Innerhalb linker aktivistischer Kreise kann man schnell zum Feind deklariert werden, wenn man nicht auf jede neue (radikale) Idee anspringt. Im Zuge der Diskussion um rechte Verlage auf der Frankfurter Buchmesse 2021 verbreitete sich ein Aufruf, der Veranstaltung aus Protest fernzubleiben. In der *FAZ* sprachen wir uns gegen einen solchen Boykott aus, was uns sogleich als Entsolidarisierung gegenüber Minderheiten ausgelegt wurde. Innerhalb weniger Stunden wurden wir auf Twitter und Instagram zigmal markiert und mit Rassismusvorwürfen überhäuft. Glücklicherweise gab es viele, die diese Diffamierungen kritisierten. Zum Glück gibt es auch unter linken Aktivisten Pluralismus.

Machen wir uns nichts vor: Aktivismus stört. Er nervt. Und manchmal kann er auch verletzend sein. Aber ohne Menschen, die sich gegen Konventionen und die bestehende Ordnung stellen, wird die Gesellschaft nicht vorankommen. Ohne aktivistische Bewegungen hätten wir heute noch kein Frauenwahlrecht, und Homosexualität würde noch immer unter Strafe stehen. Das ist allerdings kein Freifahrtschein für die antiaufklärerischen Methoden mancher Aktivisten, die die Würde anderer Menschen mit Füßen treten. Der Clou besteht darin, die progressiven aktivistischen Kräfte einzubinden, damit wir bei Themen wie der Bekämpfung von Antisemitismus und Rassismus oder dem Einsatz für LGBTQI-Rechte vorankommen. Das wäre beispielsweise eine Aufgabe der Antidiskriminierungsbeauftragten Ferda Ataman.

Nicht alle im Familien-Chat haben den Anschlag auf Rushdie eindeutig verurteilt

Der Clash of Civilizations in einer Welt hybrider Identitäten

Die Nachricht über den Angriff auf den indisch-britischen Autor Salman Rushdie am 12. August 2022 hat auch uns nicht kaltgelassen. Als wir am Abend die Nachrichten ausschalteten, griffen wir im Bücherregal nach seinem Roman *Mitternachtskinder*. Rushdies Bestseller rangiert auch weit oben auf der Liste der Romane, die wir beide gern mögen. Ein Grund dafür ist sicherlich, dass der historische Stoff, die Teilung Indiens und Pakistans im Jahr 1947, eng mit unserer eigenen Familiengeschichte verwoben ist. Wenn wir mit Eltern und anderen Verwandten über unsere Vorfahren sprechen, denken wir häufig an die Geschichte von Saleem Sinai, dem Erzähler in Rushdies Roman. Einige der erwähnten Ereignisse und Orte sind uns aus Erzählungen der Familie bekannt, wie das Massaker im nordindischen Amritsar 1919, das britische Soldaten an Sikhs, Muslimen und Hindus verübten.

Nun erleben wir, dass viele in der muslimischen Welt über den Angriff auf Rushdie Genugtuung verspüren. Als er 1989 seinen Roman *Die Satanischen Verse* veröffentlichte, sorgte dies weltweit für Demonstrationen und Gewaltausbrüche von muslimischen Fundamentalisten. Ob jemand von ihnen das Buch jemals in der Hand gehalten hat? Das vom damaligen iranischen Staatsoberhaupt Ajatollah Khomeini im Zuge der Fatwa gegen Rushdie festgesetzte Kopfgeld steigt ständig – inzwischen soll es 3,3 Millionen Dollar betragen. Khomeini rief damals alle »aufrechten Muslime« dazu auf, ihn »sofort hinzurichten«. Es solle »niemand mehr wagen, die Heiligkeit des Islams zu verletzen«.

Viele Muslime bekundeten ihre Ablehnung: Die Botschafter Pakistans, Katars und Somalias protestierten in England gegen die Veröffentlichung des Buches. Es kam zu Bombendrohungen gegen British Airways und gegen Rushdies Verleger, das Buch wurde in England auf Demonstrationen verbrannt. Auf eine britische Bibliothek in Pakistan wurde ein Bombenattentat verübt. Der japanische Übersetzer des Buches wurde erstochen, der italienische Übersetzer und der norwegische Verleger überlebten ähnliche Anschläge nur knapp. Ein belgischer Imam, der sich gegen den Boykott des Buches stellte, da »wir in einer demokratischen Gesellschaft leben«, wurde zusammen mit seinem Sekretär in Brüssel ermordet. 35 Menschen wurden 1993 bei einem islamistischen Angriff auf ein Hotel in der anatolischen Stadt Sivas getötet, in dem ein Satiriker auftreten sollte, der Auszüge aus den »Satanischen Versen« abdrucken ließ. Um nur einige Beispiele zu nennen.

Irgendwie fühle man sich mitverantwortlich, sagte eine

muslimische Freundin nach dem Anschlag auf Rushdie. Schließlich habe der Täter aus muslimischer Überzeugung gehandelt. In ihrer Familiengruppe auf Whatsapp, so erzählte sie weiter, wurde der Angriff zwar von der Verwandtschaft, die in aller Welt verteilt ist, deutlich verurteilt. Aber Sprüche wie »Selbst schuld« oder »Man erntet, was man sät« waren tatsächlich auch dabei.

Wer fühlt sich eigentlich von einer Fatwa angesprochen oder glaubt sich ihr sogar verpflichtet? Eine Fatwa wird üblicherweise von islamischen Gelehrten und Autoritäten auf Anfrage eines Rat suchenden Muslims ausgesprochen. Für Schiiten sind Fatwas rechtsverbindlich. Da Khomeini allerdings schon lange verstorben ist, sollten sie eigentlich gegenstandslos sein. Doch war er auch der politische Führer Irans, und das Regime unterstützte die Fatwa: Dadurch avancierte die Rushdie-Fatwa von einem religiösen zu einem politischen Instrument. Mit ihr beabsichtigte Khomeini gleich mehreres: Er forderte nicht nur die Hinrichtung Rushdies. Vielmehr gilt jede Form der Beteiligung an der Verbreitung des Buchs als Beleidigung des Islams und des Propheten. Und beteiligte Personen – Verleger, Übersetzer, Agenten – gelten damit ebenfalls als vogelfrei. Khomeini formulierte quasi an jeden Muslim den Auftrag, die Aufenthaltsorte Rushdies und all derer weiterzugeben, die mit dem Buch zu tun haben, wenn sie ihn schon nicht selbst töten konnten. Im Wesentlichen ist diese Fatwa ein Abschreckungsinstrument: Niemand, egal wo er herkommt, soll sich in Zukunft noch trauen, den Propheten und den Islam satirisch oder abwertend darzustellen.

So versucht Iran der westlichen Welt bis heute vorzuschreiben, wie über den Islam gesprochen werden darf. Mehrere islamistische Gewalttaten der vergangenen Jahrzehnte gehen auf unterschiedliche Fatwas zurück: Sei es die Ermordung des niederländischen islamkritischen Filmemachers Theo van Gogh 2004, die Ausschreitungen in Dänemark 2005 – nach der Veröffentlichung der Mohammed-Karikaturen in der dänischen Zeitung *Jyllands-Posten* –, die Anschläge auf die *Charlie-Hebdo*-Redaktion 2011 und 2015 sowie die Enthauptung des Lehrers Samuel Paty 2020 in Frankreich. Weltweit kam es immer wieder zu gewaltsamen Demonstrationen und Anschlägen auf Botschaften. Dass der Islam hierzulande in vielen Umfragen mit Terror und Gewalt assoziiert wird, ist leider auch auf diesen Umstand zurückzuführen.

Ist das der Ausdruck des »Clash of Civilizations« zwischen dem Islam und dem Westen, wie der Politikwissenschaftler Samuel Huntington 1994 schrieb? Ein tiefgehender Konflikt zwischen dem islamischen Morgenland und dem christlichen Abendland? Diese Vorstellung ist viel zu simpel. Allein unsere Lebensrealität und die vieler Freunde und Familienmitglieder zeigt, wie falsch Huntington lag. Unser muslimisch-jüdisches Abendbrot steht auch für viele hybride Identitäten, die in der diversen Migrationsgesellschaft existieren, aber wenig sichtbar sind. Der Islam in Europa hat sich im letzten Jahrzehnt diversifiziert und verbindet Elemente aus verschiedenen Kulturen. Von Dschihadismus und Salafismus bis zu liberalen Islambewegungen ist hier alles vertreten.

Seit dem Angriff auf Rushdie sind die Diskussionen um den Rang der Meinungsfreiheit wieder vernehmlicher geworden. Rushdie wird Gotteslästerung vorgeworfen. Und sogar hierzulande gibt es einen Blasphemie-Paragrafen. Neben Deutschland drohen in Europa nur noch in Polen und dem Vatikan Freiheitsstrafen wegen Gotteslästerung. Besonders in muslimischen Ländern gibt es strenge Gesetze. Der ehemalige Premierminister Pakistans, Imran Khan, forderte auch westliche Staaten auf, die Beleidigung des Propheten Mohammed unter Strafe zu stellen, und drohte mit einem Handelsboykott. Er verglich die Beleidigung des Propheten sogar mit einer Leugnung des Holocausts. In Deutschland aber sind Verurteilungen wegen Gotteslästerung glücklicherweise selten. Und es ist unstrittig, dass Religionskritik durch die Meinungsfreiheit geschützt werden muss. Und natürlich auch Satire.

Aber wo wird solche Kritik und Satire nur als Vorwand genutzt, um Vorurteile und Ressentiments gegen eine Minderheit zu legitimieren? Wenn in den sogenannten Mohammed-Karikaturen, die von Dänemark bis Frankreich abgedruckt wurden, Muslime als hakennasig abgebildet werden, mit einer natürlichen Neigung zu Gewalt und zur Sodomie mit Kamelen – dann reden wir über etwas anderes, nämlich über Islamfeindlichkeit und Rassismus. In der Diskussion über antisemitische Kunstwerke auf der Documenta 15 kam glücklicherweise auch niemand auf die Idee, dass die Darstellung von Juden mit blutunterlaufenen Augen, Vampirzähnen und Hakennase nur Religionskritik war.

Und natürlich spielt der Kontext eine Rolle. Kritik an der Mehrheitsreligion hat eine andere Bedeutung als Kritik an einer Minderheit. Ein Fall aus Israel zeigt dies. Ende 2021 eröffnete in Ramat Gan eines der wichtigsten Kunstmuseen des Landes nach mehreren Jahren des Umbaus gleich mit einem Skandal. Es ging um ein Werk des Künstlers David Riv mit der Aufschrift »Jerusalem aus Scheiße«, auf dem orthodoxe Juden betend vor der Klagemauer abgebildet werden. Der Oberbürgermeister intervenierte und erwirkte das Abhängen des Bildes. Daraufhin zogen 45 Künstler aus Protest ihre Werke aus der Dauerausstellung des Museums zurück, das nur einen Monat nach der Eröffnung wieder schließen musste. Dabei muss man das Bild im Kontext der innerisraelischen Debatte begreifen. Riv ist ein Pop-Art-Künstler und Friedensaktivist. Er provoziert die Besucher, indem er die Glorifizierung von Jerusalem als Teil einer nationalistischen Ideologie kritisiert. Insofern hält er der israelischen Gesellschaft einen Spiegel vor. Ein solches Werk im Museum kann die ungesunde Vermischung von Nationalismus und Orthodoxie zur Debatte stellen. Und es ist tragisch, dass kritische Stimmen wie Riv es in der heutigen politischen Realität in Israel immer schwerer haben.

Warum fällt es religiös erzogenen Menschen so schwer, solche Provokationen und Zumutungen auszuhalten? Ob Israel, Pakistan oder Deutschland: Es muss auch an der religiösen Sozialisation liegen, dass man gleich getriggert ist, sobald eine literarische Darstellung oder ein Kunstwerk gezeigt wird, welches nicht der eigenen Überzeugung entspricht.

In einer pluralen Demokratie muss in der religiösen Bildung auch die Fähigkeit vermittelt werden, Kritik und Provokationen zu dulden. Das heißt, dass wir uns darüber Gedanken machen, wie die Liebe zur Religion weiterhin vermittelt werden kann, ohne jede abweichende Darstellung gleich als Gefahr zu sehen. Wie eine religiöse Erziehung aussieht, die sich auf ständige Provokationen einlässt, wissen wir noch nicht genau. Wir werden uns mal bei den Kollegen aus dem Christen-Department erkundigen.

Eine britische Obsession

Warum der Hype um die Monarchie viele Migranten kaltlässt

Am 8. September 2022 erreichte uns die Nachricht über den Tod der britischen Monarchin Queen Elizabeth II. Wochenlang schien es nichts Wichtigeres zu geben. Die halbe Welt beschäftigte sich mit dem Tod einer sechsundneunzigjährigen Frau. Man kann es pietätlos finden, doch haben wir uns dabei erwischt, den königlichen Hype lächerlich zu finden. Vielleicht liegt es an unserer jeweiligen nicht europäischen Herkunft, dass uns die allumfassende Trauer, die nach der britischen Insel auch das europäische Festland ergriffen hat, eher kaltlässt. Vielleicht, weil das britische Imperium über das Gebiet im heutigen Pakistan und Israel herrschte?

Vermutlich hat es eher damit zu tun, dass wir es als dekadent empfinden, eine Monarchin als Heldin zu feiern. Womit hat die Queen so viel Bewunderung verdient? Ihr größtes Verdienst ist es, nichts gemacht zu haben. Sie war Queen, weil das innerhalb einer Erbmonarchie ihre Rolle war. Es ist erstaunlich, dass sie in siebzig Jahren Amtszeit nicht einmal etwas sagte, das in die Geschichte einging. Kein »L'État, c'est moi!«, kein »Blood, Toil, Tears and Sweat«. In Erinnerung bleibt ihre große Liebe zu Corgis und Marmeladen-Sandwiches.

Die Queen reiste in mehr als 150 Länder – sogar zweimal nach Pakistan –, aber interessanterweise niemals nach Israel. Sie hat 300.000 Gratulationskarten an Hundertjährige verschickt und musste für mindestens 200 Porträts still sitzen. Aber muss man freundlich über Verstorbene sprechen? In den sozialen Medien gab es neben Beileidsbekundungen auch Kritik bis hin zu Hassmeldungen. So etwa von der amerikanischen Professorin Uju Anya, die in Nigeria aufwuchs. Sie schrieb auf X: »Ich habe gehört, dass die oberste Monarchin eines diebischen, vergewaltigenden und völkermordenden Reiches endlich stirbt. Möge ihr Schmerz unerträglich sein.« Es hagelte Kritik, aber nicht nur. Bis X die Nachricht löschte, erhielt sie mehr als hunderttausend Likes. Eine Entschuldigung lehnt Uju Anya ab, da sie die Königin für den Völkermord während des Bürgerkriegs in Nigeria von 1967 bis 1970, in dem sie Angehörige verlor, mitverantwortlich macht. Unter den Hashtags #BlackTwitter und #IrishTwitter solidarisierten sich Schwarze und Iren.

Briten sind für ihre Höflichkeit, ihren Humor und ihren Liberalismus berühmt. Doch enden diese Tugenden, wenn Ihre Majestät beleidigt wird. Proteste Einzelner wurden von der Polizei unterbunden. Es kam sogar zu Verhaftungen, als ein Mann in Oxford die Proklamation von Charles III. zum König mit dem Ausruf störte: »Who elected him?« Oder als eine Frau in Schottland ein Schild mit der Aufschrift hochhielt: »Fuck imperialism, abolish monarchy«.

Für viele Deutsche scheint die britische Obsession mit der königlichen Familie aus der Zeit gefallen. Dem Ersten Weltkrieg ist es zu verdanken, dass unser Staatsoberhaupt Frank-Walter Steinmeier und nicht Seine Majestät Kaiser Georg Friedrich heißt. Der deutsche Adel verlor in der Weimarer Verfassung 1919 seine Vorrechte. Trotzdem nutzen wir im Wartezimmer beim Arzt die Gelegenheit, in der *Gala* zu blättern und über Neuigkeiten des Adels zu lesen. Wer wusste schon, dass neulich Alexander Herzog zu Mecklenburg geheiratet hat? In Großbritannien hätte eine solche Hochzeit im Hochadel in allen Boulevardzeitungen Schlagzeilen gemacht. Selbst wenn sie weniger Glamour als ihre britischen, schwedischen oder dänischen Klasse-Kameraden genießen, gibt es für den deutschen Adel exklusive Veranstaltungen wie »Adel auf dem Radel«, die Nichtbürgerliche von Schloss zu Schloss führt. Und auf dem Heiratsmarkt werden Adelige mithilfe von speziellen Agenturen zusammengeführt. Zudem gibt es die Möglichkeit der Adoption. Da gibt es profitable Geschäftsmodelle. Hans-Robert Lichtenberg ließ sich zunächst von Marie Auguste von Anhalt adoptieren, adoptierte als Fréderic von Anhalt seinerseits inzwischen sechs Männer, machte sie zu Prinzen und verdiente Millionen.

Die Chancen, dass Deutschland eine parlamentarische Monarchie wie Großbritannien wird, stehen eher schlecht. Es wäre interessant zu erfahren, wie der höchste Adelige Deutschlands darüber denkt. Der Ururenkel von Wilhelm II. lässt sich gerne »Seine Königliche Hoheit Georg Friedrich Prinz von Preußen« nennen.

Der Chef des Hauses Hohenzollern forderte bekanntlich die Rückgabe Tausender Kunstwerke, Wertpapiere und Kronjuwelen vom deutschen Staat. Es gehört zur Ironie der Geschichte, dass die Bundesregierung jahrelang mit den Hohenzollern darüber im Geheimen verhandelte, während die Opfer der Monarchie in den deutschen Kolonien Westafrikas noch immer auf Entschädigung warten. Erst 2021 wurde der deutsche Genozid an fast achtzig Prozent der Herero und Nama staatlich anerkannt. Dass sich das Haus Hohenzollern mit diesem Teil seiner Geschichte kritisch befasst hätte, ist nicht bekannt.

Auch das britische Königshaus tut sich mit Verantwortung für die koloniale Gewaltherrschaft des Empires schwer. Und eine Rückgabe des Vermögens, welches durch die Ausbeutung der Kolonien entstanden ist, steht für die Briten nicht zur Debatte. Der unbezahlbare Diamant Koh-i-Noor auf der britischen Krone stammt aus dem damaligen Hindustan. Anlässlich des Todes der Queen erinnerte die indische Regierung an die Rückgabe. Seit Jahrzehnten wird dieses Begehren abgelehnt. David Cameron sagte dazu, als er noch Premier war, dass das Britische Museum bald leer wäre, wenn man ihm nachkäme.

Trotz all dieser monarchiekritischen Überlegungen saßen auch wir zu Hause auf der Couch und verfolgten die Beisetzung der Queen. Wir fragten uns, wie es wohl war, als vor etwa dreitausend Jahren König David verstarb. Die Sehnsucht nach jüdischer Monarchie ist übrigens bis heute nicht ganz verschwunden, und es gibt noch Juden, die sich als direkte Nachfahren von König David sehen.

Das israelische Religionsministerium wollte sie 1968 zu einer Feier an Davids Grab in Jerusalem einladen. Erst als die Tageszeitungen vor einer monarchistischen Revolution warnten, wurde die Idee verworfen.

Aber auch in Europa versuchten Juden, einen Adelstitel zu bekommen. »Übrigens, wenn ich etwas sein möchte, wär's nur ein preußischer Altadliger«, sagte kein Geringerer als Theodor Herzl, Stammvater des Zionismus. Erfolgreicher als Herzl war die Familie Rothschild, die Anfang des neunzehnten Jahrhunderts in Österreich und England in den Adelsstand erhoben wurde. Es gab auch eine Handvoll geadelter Muslime, wie den Bosnier Mehmed Beg, einen hohen Offizier der Osmanischen Armee. Nachdem er mit Frau und Kindern im österreichischen Gefängnis zum Christentum konvertiert war, wurde er von Kaiser Leopold I. Ende des 17. Jahrhunderts in den Adelsstand erhoben und führte den Namen Leopold Joseph Balthasar Freiherr von Zungaberg.

Aber was ist mit unseren eigenen jüdischen und muslimischen Vorfahren? Nach intensiver Recherche finden wir nicht einen Tropfen blaues Blut. Wie schön, dass wir uns keine Gedanken machen müssen, ob unsere Vorfahren Kriege anzettelten, Völker kolonisierten und andere ausbeuten ließen, um ihre Châteaux und Bankette zu finanzieren. Wir geben aber zu: Etwas Neid schwingt mit. Säßen wir vor dem Kamin im eigenen geerbten Schloss am Rheinufer, würde unsere Kritik womöglich milder ausfallen.

Wenn der Islam sicht- und hörbar wird

Kann man Gleichberechtigung in Watt und Dezibel messen?

Im »christlich-jüdischen Abendland« sorgt die Sichtbarkeit von Islam immer wieder für hitzige Diskussionen. In diesem Jahr hat unsere Heimatstadt Frankfurt beschlossen, im Monat Ramadan die Innenstadt mit Halbmonden, Sternen, Laternen und dem Schriftzug »Happy Ramadan« zu dekorieren. Während unsere Familie und Freunde sich über die Beleuchtung als symbolische Geste und Zeichen der Anerkennung der zweitgrößten Religionsgemeinschaft der Stadt freuten, entflammte ein weiteres Mal die Debatte um Islam und Integration. Die Kritik kam zunächst einmal von der Frankfurter CDU, die sich an den Kosten störte, die angeblich höher wären als die Weihnachtsbeleuchtung. Auch in den sozialen Medien wurde Ärger laut über Last auf den »deutschen Steuerzahler« – als ob Muslime keine Steuern zahlten und keine Deutschen sein könnten.

Der Publizist Henryk M. Broder sah in der Beleuchtung die faktische Bestätigung der Islamisierung Deutschlands, an der die Deutschen selbst schuld seien. In vielen Kommentaren auf der Plattform X hieß es: »Es fängt mit der Ramadan-Beleuchtung an und wird mit der Scharia aufhören.« Im rechtspopulistischen Portal »NIUS« wurde eine Kausalität zwischen Beleuchtung und »Kinderehen, Frauenunterdrückung, Zwangsverschleierung, Ehrenmorde, Selbstmordattentäter und Vielehen« hergestellt. Als die Beleuchtung feierlich eingeweiht wurde, protestierten etwa zwei Dutzend Menschen dagegen, das ist nicht viel, doch auf ihren Schildern standen Sätze wie: »Der Islam gehört nicht zu Deutschland.« Und »Für die Folgen der Islamisierung tragen die Politiker die Verantwortung«.

Wie in jeder Islam-Debatte fehlte auch diesmal der muslimische Kronzeuge nicht. In der *NZZ* stellt Hamed Abdel-Samad die These auf, das Sichtbarmachen des Islams im öffentlichen Raum würde zu einer Stärkung der Islamisten führen. Warum sollen Islamisten davon profitieren? Das ist genauso wahr wie der Gedanke, dass die Weihnachtsbeleuchtung christlich-fundamentalistische Evangelikale stärke. Wenn schon etwas in die Hände der Islamisten spielt, dann solche muslimfeindlichen Empörungswellen. Sie werden von Hasspredigern als Beweis herangezogen, dass die Gesellschaft uns als Muslime niemals als Gleichberechtigte akzeptieren wird und deshalb Segregation und Radikalisierung empfehlen. Islamisten und rechte Islamhasser spielen sich die Bälle zu.

Die Islam-Debatte in Deutschland ist geprägt von Angstmacherei und Polemik. Obwohl muslimisches Leben immer vielfältiger wird und immer mehr Muslime in der Politik vertreten und in der Öffentlichkeit sichtbar sind, ändert sich in der aufgeheizten Stimmung wenig. Ende 2022 gab es eine ähnliche Diskussion in Köln, nachdem die Stadt der dortigen größten Moschee Deutschlands erlaubt hatte, den Muezzinruf über zwei Lautsprecher ertönen zu lassen. Wie in Frankfurt war die CDU sofort dabei, wenn es um »Islamkritik« geht. CDU-Urgestein Wolfgang Bosbach begründet seine Ablehnung des Kölner Pilotprojekts in der Tageszeitung *Die Welt* damit, dass »wir keine islamische, sondern eine christlich-jüdische kulturelle Tradition« haben. Diese Erzählung einer idyllischen christlich-jüdischen Tradition ist jedoch eine etwas – wie soll man sagen – ziemlich einseitige Angelegenheit. Klar, wer Jahrhunderte von Ausgrenzung und Pogromen, die in Krematorien mündeten, kurz ignoriert, mag Bosbach zustimmen. Allen anderen drängt sich womöglich der Verdacht auf, dass hier die deutsche Vergangenheit geglättet wird, um Muslimen ihren Platz zuweisen zu können.

Sehnsucht nach einer Gesellschaft ohne Muslime ist allerdings nicht nur eine christliche Angelegenheit. Auch in dieser Debatte durfte die Polemik von Henryk M. Broder nicht fehlen. Er sah im Muezzinruf einen Dammbruch und warnt vor einer »Kapitulation auf Raten« vor dem Islam: »Richtet euch schon mal auf den täglichen Muezzin ein, er wird kommen«, prophezeit er. Kritiker finden sich auch in den eigenen Reihen. Der muslimische Autor Ahmad Mansour wirft den Deutschen Naivität im Umgang mit der Kölner Moschee vor. Er kritisiert den Ruf des Muezzins, weil er Ausdrücke wie »Allah ist groß« und »Kommt zum Gebet« als gefährlich empfindet.

In unseren beiden Herkunftsländern Pakistan und Israel gehört der Azaan, wie der islamische Gebetsruf heißt, zum Alltag. In vielen Städten konkurrieren die Moscheen gegeneinander, wer den schönsten und lautesten Klang hat. Als wir vor einiger Zeit durch die Jerusalemer Altstadt spazierten, mischten sich die Klänge der Kirchenglocken mit den Muezzinrufen zu einer einzigartigen schönen Melodie. Das empfinden nicht alle so: In der israelischen Politik werden die Muezzinrufe immer wieder von jüdischen Rechtsradikalen für ihren Araberhass instrumentalisiert. Im Jahr 2016 gab es eine Gesetzesinitiative für eine Lautstärkebegrenzung. Es war die israelische Vereinigung für Bürgerrechte, die größte unabhängige Menschenrechtsorganisation Israels, die sich erfolgreich gegen diesen Eingriff in die Religionsfreiheit der Muslime einsetzte. Übrigens: Auch in Staaten mit großer muslimischer Bevölkerung führt das Thema der Lautstärke zu Streit. In Indonesien, dem Staat mit den meisten Muslimen weltweit, protestierte 2015 die christliche Minderheit in Tolikara gegen die Lautstärke des Muezzinrufs, da dieser ihre eigene religiöse Zeremonie störe. Der Protest endete blutig mit mehreren Verletzten und einem Toten.

Wer nun Angst hat, dass Muezzinrufe in Köln zu laut werden, darf sich beruhigen: Noch wurde keine signifikant gestiegene Nachfrage nach Oropax in Köln registriert. Der Ruf darf auch nicht lauter als sechzig Dezibel sein – zum Vergleich: Unser Sohn schafft in einer durchschnittlichen Nacht achtzig Dezibel, mühelos.

Eigentlich geht es um etwas ganz anderes. Um die

Frage nämlich, welche Rolle die Religionen von Mehrheit und Minderheiten in der Öffentlichkeit haben. Und es geht ums Recht: Als wir die Debatte um den Kölner Muezzinruf verfolgten, erinnerten wir uns an den Kruzifixstreit in Bayern 1995. Drei Familien waren bis vors Bundesverfassungsgericht gezogen, um gegen das Kruzifix an der Wand im Klassenzimmer vorzugehen, mit Erfolg: Das Gericht erklärte das verpflichtende Anbringen des Kreuzes in der bayerischen Schulordnung für verfassungswidrig, was Empörung in der Landespolitik auslöste. Bestürzt über den Beschluss, teilte der damalige CSU-Ministerpräsident Stoiber mit: »Kreuze gehören zu Bayern wie die Berge. Wer christliche Symbole aus der Öffentlichkeit verbannen will, trifft unsere Kultur in ihrem Lebensnerv.« Damit sind wir nicht mehr bei der Frage von Religionsfreiheit, sondern der Frage nach Dominanzkultur und Etabliertenvorrechten nach dem Motto: »Wir Christen waren vor euch hier.« Für den aktuellen Ministerpräsidenten Söder sind christliche Werte ohnehin »auch denjenigen zumutbar, die nicht gläubige Christen oder christlichen Glaubens sind«.

Zwar schaut man aus der Hauptstadt gelegentlich herablassend auf das katholische Bayern. Im religionsfeindlichen Berlin gilt das umstrittene Neutralitätsgesetz, dem zufolge Beamte keine religiösen Symbole im Dienst tragen dürfen. Tatsächlich ist Berlin aber genauso wenig neutral wie die restliche Republik. Von den Sozialverbänden Caritas und Diakonie, den theologischen Fakultäten an den Universitäten bis zum Rundfunkrat – Staat und Kirche sind in Deutschland wie siamesische Zwillinge. Christliche Symbole und Rituale gehören zu unserem Alltag.

Wie sollte es auch anders sein? Auch wenn der Anspruch religiöser Pluralität ganz oben bei den Kirchenglocken hängt, sind wir in der Realität von einer Gleichberechtigung der Muslime weit entfernt. Bei Juden sieht es inzwischen anders aus. In den vergangenen Jahrzehnten sind in nahezu allen großen deutschen Städten Synagogen neu oder wieder aufgebaut worden, ganz nach der Vision des Vorsitzenden der jüdischen Gemeinde Frankfurt, Salomon Korn, die er bei der Eröffnung des dortigen Gemeindezentrums 1986 verkündete: »Wer ein Haus baut, will bleiben.« Neue jüdische Gebetshäuser in deutschen Innenstädten werden im »Erinnerungsweltmeister« Deutschland bejubelt. Das war nicht immer so. Im neunzehnten Jahrhundert gab es große Widerstände gegen den Bau von Synagogen. Heutzutage sind es die Moscheen, deren Errichtung von breiten Teilen der Bevölkerung kritisch gesehen wird. Mit dieser Beobachtung mischte sich auch Salomon Korn in die Debatte um den Bau der Kölner Moschee ein: Er verteidigte das Vorhaben mit der Begründung, dass er eine Ähnlichkeit in den Argumentationsmustern der Antisemiten damals und der Muslimfeinde heute erkenne.

Trotz des Widerstands wurde die Moschee in Köln-Ehrenfeld im Jahr 2018 eröffnet. Ist die Zulassung des Muezzinrufs der nächste große Schritt in Richtung Gleichberechtigung? Nicht unbedingt. Eine Moschee hat für das Leben der Gläubigen große Bedeutung: Sie ist ein Ort, an dem gemeinsam gebetet wird, wo man sich trifft und auch soziale Kontakte pflegt. Ein Muezzinruf hingegen ist reine Symbolik. Das Ritual des öffentlichen Gebetsrufs ist in der islamischen Tradition keine Pflicht und wird an Region und Lage jeweils angepasst.

Vom Muezzin einmal abgesehen: Nach wie vor ist das zentrale Problem, dass sich deutsche Moscheegemeinden und Islamverbände über Spenden und Förderung aus dem Ausland wie dem türkischen oder dem katarischen Staat finanzieren lassen. Wer Angst vor der Verbreitung von Muezzinrufen hat, sollte wissen: Die meisten der dreitausend Moscheen in Deutschland befinden sich nicht in Innenstädten oder Wohngebieten, sondern in Industriegebieten oder neben Kläranlagen. Auch wenn mit dem Islamkolleg in Osnabrück neuerdings Islamlehrer vom deutschen Staat ausgebildet werden, kommen laut einer Studie der Konrad-Adenauer-Stiftung mehr als neunzig Prozent der in Deutschland tätigen Imame aus dem Ausland. Man muss nicht religiöser Muslim sein, um festzustellen, dass das Versprechen »Der Islam gehört zu Deutschland« von 2010 des damaligen Bundespräsidenten Christian Wulff noch nicht eingelöst worden ist.

Es reicht ein muslimisch klingender Name, um den gesellschaftlichen Doppelmaßstab am eigenen Leib zu spüren. Für eine Studie verschickte die Ökonomin Doris Weichselbaumer 1500 fiktive Bewerbungen an Unternehmen, um festzustellen, dass Bewerberinnen mit erheblichen Benachteiligungen konfrontiert sind, wenn sie einen türkischen Namen haben und noch dazu ein Foto mit Kopftuch vorlegen. In unserem Umfeld wird gelegentlich berichtet, wie Muslime im Alltag diskriminiert werden. Sei es, wenn der Busfahrer die Tür vor deiner Nase schließt und dir dabei eine üble Fingergeste zeigt oder wenn dir bei Wohnungsbesichtigungen empfohlen wird, besser in einem anderen Land nach einer Bleibe zu suchen.

Nein, weder ein Muezzinruf in Köln-Ehrenfeld noch die Frankfurter Beleuchtung zu Ramadan werden das ändern. Und klar, es gibt Muslime, die die Sichtbarkeit als Etappensieg feiern.

Wenn in den Debatten die eine Seite mit dem Argument der Religionsfreiheit für mehr Sichtbarkeit (und Hörbarkeit) des Islams streitet und die andere vor einer Islamisierung warnt, wird die wesentliche Frage ausgelassen: Wie wichtig ist der öffentliche Muezzinruf für die Ausübung der islamischen Religion? Es reicht, wenn er sich an die Betenden innerhalb der Moschee richtet. Und die Ramadan-Beleuchtung ist theologisch sowieso völlig bedeutungslos. Offensichtlich ist es für die Mehrheitsgesellschaft einfacher, sich in eine Scheindiskussion über Beleuchtungen und Rufe einzulassen, statt die wirklichen Herausforderungen für Muslime in Deutschland anzupacken: vom Religionsunterricht über Moscheebau bis zur Diskriminierung am Arbeitsplatz.

Romeo und Julia aus dem Nahen Osten

Über Kunstfreiheit

Der Nahostkonflikt bewegt die Kunst- und Kulturszene wie kein anderer. Seit dem 7. Oktober 2023 ist das sichtbarer als jemals zuvor. Ein Skandal folgt auf den anderen.

Am 19. Oktober 2023 erschien auf mehreren einflussreichen Plattformen – unter anderem auf der Website des US-Magazins *Artforum* – ein offener Brief an Kulturorganisationen. 8000 Menschen aus der Kunstwelt haben ihn unterzeichnet, darunter Nan Goldin, Peter Doig und Kara Walker. Der Text thematisiert das Leid in Gaza und verurteilt Israel für das, was seine Verfasser einen »eskalierenden Genozid« nennen. Man sucht im Brief vergeblich die Erwähnung des Massakers der Hamas an 1200 Menschen, der Folterungen und Vergewaltigungen.

Vier Tage später – am 23. Oktober – wurde in der israelischen Kunstzeitschrift *Erev Rav* ein weiterer offener Brief veröffentlicht. Unterschrieben haben 2500 Menschen aus der Kunstszene, darunter Hito Steyerl, Ron Arad und Tal R. Sie kritisierten den ersten Brief scharf: »Was am meisten empört, ist das völlige Fehlen jeglicher Erwähnung der über 200 entführten Menschen, die meisten von ihnen Zivilisten, darunter Babys, Kinder, alte und kranke Menschen«, steht darin. »Diejenigen, die den Brief unterzeichnet haben, fordern einen Waffenstillstand aus humanitären Gründen. Aber in dem Brief sind die Geiseln nicht Teil der Menschheit, an deren Menschlichkeit sie appellieren.«

Nach dieser Kritik haben mehrere Unterzeichner des ersten Briefes, darunter Peter Doig, Joan Jonas und Katharina Grosse, ihre Unterschrift zurückgezogen. Später hat *Artforum* seinen Chefredakteur, David Velasco, wegen der Veröffentlichung des Briefes entlassen und einen Nachtrag abgedruckt, in dem das Massaker vom 7. Oktober verurteilt wurde. Aber eben erst nachträglich und infolge des öffentlichen Drucks.

Im Laufe der Zeit wurde die Kritik lauter. Am 27.10. veröffentlichten rund 1000 Autoren das Statement »Literaturbetrieb, jetzt!« – darunter Herta Müller, Durs Grünbein und Sibylle Berg. Darin wurde unter anderem das bisherige Schweigen des Literaturbetriebs kritisiert: »Nach dem Angriff der terroristischen Hamas auf Menschen, die nichts anderes zu Opfern von Folter, Vergewaltigung, Entführung und Mord machte, als dass sie jüdische Israelis sind, verharrt der Literaturbetrieb in einem an Bräsigkeit nicht zu überbietenden Schweigen.«

Das sind nur einige Beispiele. Inzwischen haben wir den Überblick verloren, welche Stellungnahmen und Gegenstellungnahmen seit dem 7. Oktober 2023 kursieren. Diese Inflation ist nur eine Facette des bitteren Kampfs, der die Kunst- und Kulturwelt beim Thema Israel und dem Krieg in Gaza spaltet. Seit Langem sorgt kein anderes Thema für derartige Kontroversen und Emotionen wie das Verhältnis zu Israel – und manche würden sagen: das Verhältnis zu Juden.

In vielen Skandalen geht es vor allem darum, was Betroffene – Juden, Muslime, Israelis und Palästinenser – empfinden. Ein Beispiel hierfür ist der Antisemitismusvorwurf gegen ein Theaterstück des libanesisch-kanadischen Regisseurs Wajdi Mouawad. In *Vögel* geht es um mehrere Generationen einer jüdischen Familie, die sich in Israel treffen, und um die Beziehung zwischen einem Juden und einer Muslima, die um ihre Liebe kämpfen müssen. Auslöser der Debatte im Jahr 2022 war ein öffentlicher Brief der Jüdischen Studierendenunion Deutschland und des Verbands jüdischer Studenten in Bayern, in dem die Studierenden Antisemitismusvorwürfe gegen das Stück erheben.

Vögel war seit der Pariser Uraufführung 2017 Hunderte Male auf Bühnen zu sehen, auch im deutschsprachigen Raum wurde das Stück auf mehr als zwanzig Bühnen gezeigt. Selbst in Israel wurde *Vögel* von Kritikern und Publikum vielfach gelobt, als es 2018 am renommierten Cameri-Theater in Tel Aviv aufgeführt wurde. Besonders hob die israelische Presse die Zusammenarbeit von arabischen und jüdisch-israelischen Schauspielern hervor, die Mehrsprachigkeit – Arabisch, Hebräisch, Deutsch und Englisch – sowie die Empathie des Autors für die jüdische Perspektive. Das international besetzte Ensemble hat am Schreibprozess des Stücks mitgewirkt, berichtet die israelische Schauspielerin Liora Rivlin. »Was mich zutiefst beeindruckt hat, war der Versuch von Wajdi Mouawad, den Schmerz und das Leiden des Feindes zu verstehen«, sagte damals Eli Bijaoui, der das Stück ins Hebräische übersetzte, der Zeitung *Haaretz*. Im selben Bericht erklärte Wajdi Mouawad: »Ich liebe alle Figuren in meinem Stück. Auch die Juden, die ich in meiner Kindheit zu hassen gelernt habe.« Ließen sich tatsächlich alle vom Autor blenden und merkten nicht, dass dies ein antisemitisches Werk war – bis hin zum israelischen Außenministerium, das die Produktion in Paris und Genf mitfinanzierte? Gegenüber *Haaretz* berichtete Wajdi Mouawad, dass aufgrund dieser Zusammenarbeit seine Familie im Libanon bedroht wurde. Auch die anti-israelische Boykottkampagne BDS setzte sich gegen die Produktion und Aufführung ein. Es entbehrt nicht einer gewissen Ironie, dass nun ausgerechnet jüdische Studierende in unfreiwilliger Allianz mit BDS-Aktivisten das Stück verhindern wollten.

Die Studierenden warfen dem »nicht jüdischen libanesisch-kanadischen Autor« vor, er schaffe ein »nicht repräsentatives Bild von Israelis«. Er habe Israel zu negativ dargestellt. Laut den Studierenden habe Mouawad nichts von der »wachsenden Immigration nach Israel« gewusst. Für sie ist jüdische Einwanderung nach Israel offenbar ein Beweis dafür, dass im Land nur Milch und Honig fließen. Diese Vorstellung dürfen sie natürlich behalten, aber sollen deshalb nur solche Theaterstücke aufgeführt werden, die Israel als Paradies zeigen, in dem jeder leben möchte?

Selbst wenn Israel wirklich so toll wäre: Ist Repräsentation überhaupt die Aufgabe des Theaters? Und wie genau sollte sie aussehen? Stellen Goethes *Faust*, Lessings *Nathan der Weise* oder Shakespeares *Kaufmann von Venedig* ein repräsentatives Bild ihrer Zeit dar? Theater ist keine Forsa-Umfrage, sondern eine subjektive Angelegenheit. Es drängt sich der Eindruck auf, dass die Studierenden hier einen literarischen Stoff mit einem Pamphlet und Dialoge mit politischen Statements des Autors verwechseln.

Apodiktisch moniert die Vorsitzende der Studierendenunion in der Tageszeitung *Die Welt*: »Wenn auch nur eine jüdische Person etwas als grenzüberschreitend, relativierend oder beleidigend empfindet, muss das ausreichen, um es ernst zu nehmen.« Natürlich hat jede Person das Recht, ernst genommen zu werden – übrigens egal, ob sie jüdisch ist oder nicht. Allerdings darf der Maßstab dafür, ob Kunst antisemitisch ist, niemals subjektiviert werden. Juden, wie alle anderen Gruppen auch, sind unterschiedlich. Was der eine als verletzend empfindet, kann die andere sogar gut finden. Es braucht also mehr als den Hinweis, dass jemand in seinen Gefühlen verletzt ist, um Antisemitismus oder Diskriminierung nachzuweisen.

Als wir von der Diskussion in München erfuhren, erinnerten wir uns: Vor längerer Zeit, vor der Pandemie, hatten Freunde uns begeistert von dem Stück *Vögel* erzählt, das sie in Hamburg gesehen hatten: »Ihr müsst das unbedingt anschauen«, sagten sie, »es geht ja irgendwie auch um euch: eine Liebesgeschichte zwischen einem Juden und einer Muslima.« Wegen des Lockdowns hatten wir das Stück nicht sehen können, lasen aber den Text, auf Deutsch und in der mehrsprachigen Fassung.

Und wie in einer modernen Version von *Romeo und Julia* geht es um den Kampf des Paares, den deutschen Juden Eitan und die palästinensischstämmige Wahida, ihre Liebe gegen den Willen von Eitans Familie durchzusetzen. Es geht auch um den israelisch-palästinensischen Konflikt, um Fragen der Identität und um Vorurteile aufgrund von Abstammung, Religion und Zugehörigkeit. Dass Eitans Familie seine Beziehung zu Wahida ablehnt, liegt zum einen im Trauma des Holocausts begründet. So sagt der Vater: »Ob du es willst oder nicht, obliegt uns, mir, dir, deinen Kindern und Kindeskindern, die Verantwortung zu überleben, denn niemand sonst wird an unserer Stelle den Geschmack der verlorenen Asche unserer toten und verschwundenen Familien bewahren.« Einen weiteren Grund für den Widerstand der Familie bildet der jüdisch-arabische Konflikt. Denn der Vater sagt auch: »Sie ist keine Jüdin. Sie ist nicht aus unserem Kreis, aus unserem Garten. Scheiße! Bitte schön!!! Du zwingst mich, jemanden auszuschließen, wo ich niemanden ausschließen will! Glaubst du, mir macht es Spaß, von einem Menschen zu sagen, er ist, oder er ist nicht? Und das vor meinem eigenen Sohn?«

Als wir diese Sätze lasen, rief das Erinnerungen an ähnliche Gespräche in unseren Familien wach. Alte Wunden, die über die Jahre geheilt sind. Aber diese Wunden treten nicht nur in den Familien hervor: Weder von Juden noch von Muslimen wurde unsere interreligiöse Beziehung bejubelt. Von Menschen, die sich für aufgeklärt halten, war zu hören, sie hätten nichts gegen die Partnerwahl auf der persönlichen Ebene, aber der Kulturkreis sei doch problematisch: »Mach dir nichts vor, denen ist alles zuzutrauen«, hieß es auf beiden Seiten.

Auch jene Diskussionen, die wir im Vorfeld mit unseren Eltern hatten, welche Religion unsere Kinder haben werden, finden wir im Stück »*Vögel*« wieder: »Vater: Ich sag's ja! Du trägst zu unserem Verschwinden bei, und du schämst dich nicht einmal dafür, sondern beleidigst uns, du beleidigst das Gedächtnis deines Großvaters.«

Eine nichtjüdische Frau zu heiraten gilt nach wie vor für viele Juden, auch in unserem engen Familienkreis, als Tabubruch, weil die Religionszugehörigkeit nach der Halacha (dem jüdischen Gesetz) durch die Mutter weitergegeben wird. Sogar Benjamin Netanjahu warnte einmal davor, dass interreligiöse Beziehungen nichts anderes als einen »stillen Holocaust« bedeuteten und sie letztlich zum Verschwinden des jüdischen Volkes führen könnten. Übrigens besteht das Problem in gewisser Weise auch bei Muslimen, denn bei ihnen wird die Religionszugehörigkeit über den Vater weitergegeben.

In der *FAZ* fragte Simon Strauss, ob die These des Stückes stimme, dass Israelis in der arabischen Herkunft einer Person per se ein Feindeszeichen erkennen würden. Unsere Erfahrung ist, dass die These nicht nur bei arabischer, sondern insgesamt bei muslimischer Herkunft zutrifft. Arabisch oder muslimisch – das wird meistens ohnehin synonym verwendet.

Während das Stück »*Vögel*« den Rassismus in der jüdischen Gesellschaft berechtigterweise kritisiert, kommen Muslime ziemlich gut weg. Starke Ressentiments gegen eine Beziehung mit Juden in muslimischen oder arabischen Familien werden stillschweigend ausgeklammert. Ist es eine bewusste Entscheidung? Wissen wir nicht. Ist es dadurch ein einseitiges Stück? Ja. Aber das macht es noch nicht zu einem antisemitischen Stück. Man kann sich über das Stück ärgern, und es muss nicht allen gefallen. Wer sich nicht irritieren lassen will, sollte nicht hingehen. Oder hingehen und danach eine vernichtende Rezension schreiben.

Persische Arabesken

Eine jährliche Reise nach Teheran

Stellen Sie sich vor, Ihre Eltern werden mitten in der Nacht von achtzehn Beamten des Inlandsgeheimdienstes überfallen und mit mehreren Messerstichen ermordet. Das Haus wird verwüstet. So erging es der in Deutschland lebenden iranischen Künstlerin Parastou Forouhar vor vierundzwanzig Jahren. Ihr Vater Dariusch Forouhar war Arbeitsminister in der kurzen demokratischen Phase vor der Islamischen Revolution 1979. Parvaneh Eskandari, ihre Mutter, war Lehrerin und gehörte gemeinsam mit ihrem Mann zu den führenden oppositionellen Politikern des Landes. Seit ihrer Ermordung am 22. November 1998 fliegt Parastou jährlich zum Todestag nach Teheran, um im Haus ihrer Eltern für eine Gedenkveranstaltung mit Weggefährten, Freunden und Verwandten zusammenzukommen. Sie fordert Aufklärung und Gerechtigkeit. Jedes Mal wird sie von den Behörden schikaniert, verhört und bedroht. Wir kennen Parastou schon viele Jahre und fragen sie immer wieder, ob diese jährlichen Reisen nicht zu gefährlich sind. Vor einigen Jahren wurde ihr Reisepass von den Behörden beschlagnahmt, und zunächst wusste niemand, wann (und ob) sie zurückfliegen darf. Als sie vor einiger Zeit wieder nach Teheran flog, waren unsere Sorgen um ihre Sicherheit noch größer als sonst.

Denn seit der Ermordung von Mahsa Amini im September 2022 wurden die monatelangen Proteste vom iranischen Regime mit brutaler Gewalt niedergekämpft. Man redet von mehreren Tausend Inhaftierten, deren Situation unklar ist, und zahlreichen Hinrichtungen.

Nachdem Parastou wieder heil am Frankfurter Flughafen angekommen war, erfuhren wir mehr über ihre Reise. Sie erzählte uns, dass ihr auch in diesem Jahr das Verhör nicht erspart geblieben sei. Alles habe sich abgespielt wie immer: zwei Beamte, die sich abwechselten und immer wieder bestimmte Floskeln von sich gaben. Sie drohten ihr, sie für den Fall jeglicher Eskalation der Gedenkfeier, ob im Haus oder auf den benachbarten Straßen, zur Verantwortung zu ziehen. Am Tag der Veranstaltung standen schon am frühen Morgen Sicherheitskräfte in Zivil am Haus und fotografierten die Besucher. Es kamen ältere Weggefährten und Freunde ihrer ermordeten Eltern wie auch junge Leute, die an den aktuellen Straßenprotesten teilnehmen. Drei der Anwesenden, Freunde von Parastou, wurden kurze Zeit später verhaftet.

Ihre Erfahrungen mit den Schikanen der Behörden, mit der Angst und der Verzweiflung, die sie jedes Jahr bei den zermürbenden Verhören erlebt, hat Parastou vor einigen Jahren in mehreren Zeichnungen dokumentiert. Eine ihrer signierten Arbeiten besitzen wir, sie trägt den Titel »Tausendundein Tag«. Auf den ersten Blick sieht man Arabesken in Pastellrosa, wie man sie aus der persischen Tradition kennt. Auf den zweiten Blick stellt man mit Schrecken fest, dass in Wahrheit Folterszenen abgebildet sind. Die abstrakten Formen werden zu menschlichen, gesichtslosen Gestalten, die miteinander verkettet sind. Folternde Männer und gefolterte Frauen sind mit einem schwarzen Seil aneinandergebunden. Die perfekte Ordnung, Schönheit und Symmetrie wandeln sich zu einem System der Unterdrückung und Grausamkeit. Als wir vor ein paar Jahren dieses Bild von Parastou bekamen, diskutierten wir, wo wir es aufhängen sollen. Ist es überhaupt zumutbar, täglich mit dieser Gewalt konfrontiert zu werden? Andererseits: Ist diese Haltung nicht allzu bequem? Dürfen wir vor Gewalt und Unterdrückung unsere Augen verschließen?

So wie auch wir den Platz für unser Bild noch nicht gefunden haben, hat die deutsche Öffentlichkeit und die Politik nach einem Umgang mit den Bildern gesucht, die aus dem Iran kamen. Videos, die in den sozialen Medien kursierten, zeigten, wie junge Demonstranten verhaftet und brutal niedergeschlagen wurden. Täglich gab es neue Nachrichten über Entführungen, Todesurteile und Hinrichtungen. Die Rufe der Protestierenden drangen bisweilen bis in unsere Küche, denn das iranische Konsulat in Frankfurt ist nur wenige Hundert Meter von unserer Wohnung entfernt. Auf der schmalen Straße zwischen einem Supermarkt und der Mauer des Konsulats versammelten sich ein Jahr lang täglich einige Dutzend Exiliraner. Manche kampierten trotz frostiger Nächte in Zelten. Einige traten in Hungerstreik. Sie forderten, diese Repräsentanz des Mullah-Regimes in Frankfurt zu schließen, hielten Fotos von Hingerichteten und Inhaftierten hoch und riefen: Jin, Jiyan, Azadi. Frau, Leben, Freiheit. Passanten hielten kurz an, brachten heiße Getränke und sprachen warme Worte. Heute erinnern nur noch zwei Risse an der Glasfassade des iranischen Konsulats – verursacht durch Steine der Demonstranten – an diese Proteste. Nicht nur im Iran, auch in Frankfurt scheint die Hoffnung auf eine demokratische Revolution vergangen zu sein.

An einem Samstagnachmittag stellten wir uns zu den Protestierenden. Einige begrüßten uns freundlich und fragten, ob wir iranische Wurzeln haben. Als wir von uns erzählten, kam das Thema Juden im Iran auf. Juden waren dort eine der ältesten und einst größten religiösen Minderheiten. Sie lebten in Iran seit dem babylonischen Exil etwa 600 v. Chr. Um 1979 lebten etwa 180.000 bis 200.000 Juden dort. Heute sind es nach Schätzungen etwa 8000. Ob Juden, die besonders gefährdet sind, an den Protesten teilnahmen, konnte niemand beantworten.

Ob Juden, Kurden oder Belutschen: Der Kopftuchzwang in Iran trifft alle Frauen. So sprachen auch wir über das Stück Stoff, das zum Sinnbild des Protests geworden ist. Die Kopftuchfrage steht gewissermaßen symbolisch für die staatliche Repression. Immer wieder wurden im hiesigen Diskurs Vergleiche zwischen Deutschland und Iran gezogen. Selbst ernannte Islamkritiker sehen sich in ihrer Position bestärkt, dass der Islam gewalttätig und das Kopftuch auch hierzulande ein Symbol der Unterdrückung sei. Allerdings ist der Unterschied zwischen hier und dort gewaltig. Zweifellos wurde das Kopftuch jahrhundertelang muslimischen Frauen von der patriarchalischen Gesellschaft aufgezwungen. Aus unserem Familienkreis kennen wir genug solcher Geschichten von Mädchen und Frauen, die dem Druck der Eltern oder Religionsgemeinden nachgeben mussten. Doch gibt es in Europa auch Frauen, die das Tragen des Kopftuchs als emanzipatorischen Akt begreifen. Erst kürzlich trafen wir eine Bekannte, die neuerdings Kopftuch trägt. Auf unsere fragenden Blicke hin sagte sie: »Ich wollte nach langer Zeit wieder einmal etwas nur für mich machen.« Das Gefühl von Selbstbestimmung, Autonomie und Freiheit kann paradoxerweise beim Ablegen als auch beim Tragen eines Kopftuchs entstehen. Hauptsache, die Frauen entscheiden es selbst.

Bevor wir die Kundgebung vor dem Konsulat verließen, fragten wir noch, was die Protestierenden von der deutschen Politik erwarteten. Eine Frau sagte: »Die Mörder und Vergewaltiger unserer Kinder sollten ihre Kinder nicht zum Partymachen nach Europa schicken dürfen.« In der Tat genießen die Kinder der iranischen Führung, der Revolutionsgarden und der Mullahs alles, was die westliche Welt zu bieten hat. Sie feiern in New York, spazieren mit Designer-Taschen über die Champs-Élysées und die Söhne der Elite posieren mit Frauen in Spitzenunterwäsche in Fünf-Sterne-Hotels in Düsseldorf. »Wie wäre es«, fragte die protestierende Frau trotzig, »wenn Deutschland und die EU ihre Visaanträge ablehnen würden?« Das allein werde das Regime in Teheran zwar nicht zu Fall bringen, aber selbst die kleinste Genugtuung ist wichtig. Unseren Einsatz vor dem Konsulat beendeten wir nach etwa zwei Stunden, als es uns zu kalt wurde. Unglaublich beeindruckend, dass Menschen dort wochenlang ihre Tage und Nächte verbrachten.

Die Bundesregierung hielt sich erstaunlich lange zurück, die Gewalt des iranischen Regimes deutlich zu verurteilen. Auch die »feministische Außenpolitik« von Annalena Baerbock ließ mit klaren Worten auf sich warten. Das intellektuelle Rekordtief in der Iranpolitik bewies erwartungsgemäß die AfD, die in einer Pressemitteilung der Bundestagsfraktion die schutzlosen Demonstranten mit den bewaffneten Sicherheitskräften auf eine Ebene stellte, indem »beide Seiten« gleichermaßen zur Mäßigung aufgerufen wurden: »Gewalt darf kein Mittel sein, egal von welcher Seite. Es gibt Hunderte tote Demonstranten, aber auch rund 60 getötete Sicherheitskräfte.« Makabrer geht es nicht.

Erst als der kanadische Präsident Trudeau an einer Demonstration gegen das iranische Regime in Ottawa teilnahm und ankündigte, den Spitzen des iranischen Regimes die Einreise nach Kanada zu verweigern, und als sich Macron mit iranischen Aktivistinnen traf und von einer Revolution sprach, wurde auch Olaf Scholz deutlich: »Wer so handelt, muss mit unserem Widerstand rechnen.« Was dabei mit Widerstand gemeint ist, bleibt unklar. Und als Ende Oktober gut 80 000 Menschen in Berlin auf die Straße gingen, sprach kein Regierungsvertreter.

Ob der Widerstand gegen das Regime eines Tages erfolgreich sein wird und das Mullah-Regime zum Sturz bringt, wissen wir nicht. Unsere Freundin Parastou will auch die nächsten Jahre im November nach Teheran fliegen. Es ist ihr zu wünschen, dass sie die Gedenkfeier eines Tages ohne Angst und Schikanen in einem demokratischen und liberalen Iran abhalten kann.

Currywurst, Döner und gefilte Fisch

Was Integrationsdebatte und Küche verbindet

In Zeiten, in denen alles unberechenbar geworden ist, könnte man meinen, dass uns etwas Routine guttun würde. Zum Beispiel in Diskussionen, die schon mehrfach geführt wurden und deren Ausgang schon feststeht, bevor sie wieder aufgenommen werden. Alle Beteiligten spielen ihre Rollen nach einem bestimmten Drehbuch, ohne sich allzu viele Gedanken machen zu müssen. Als Ehepaar haben wir auch solche Readymade-Gespräche. Der Klassiker bei uns: Die Küche – brauchen wir eine neue? Der Auslöser variiert: Mal ist es die Dunstabzugshaube, die genau dann ihren Geist aufgibt, wenn das pakistanische Gericht köchelt; mal fällt die Schublade fast auseinander, wenn man nur schnell noch einen Löffel holen will. Was auch immer es ist, schnell sind wir beide in unserem Element mit den altbewährten Argumenten und Gegenargumenten: »längst überfällig«, »zu teuer«, »wir sind doch nicht mehr im Kibbuz«, »irgendwann ziehen wir sowieso um«. Nach einigen Runden ist die Energie raus, nur eines ist sicher: dass es bald wieder von Neuem losgehen wird.

Das ist nicht nur bei uns zu Hause so. Öffentliche Diskussionen laufen kaum anders ab. Nehmen wir die Debatten um Silvesternächte in Berlin, Köln und sonstwo. Wenn dort Polizisten und Rettungskräfte von Jugendlichen mit Böllern angegriffen werden, sprechen alle sofort über junge Migranten und die (vermeintlich) gescheiterte Integrationspolitik. Wie unser Gespräch über die Küche wird auch dieses in der x-ten Runde keine neue Erkenntnis bringen. Die Gattung Integrationsdebatte ist zwar keine deutsche Erfindung, doch wurde sie hier vermutlich perfektioniert. Die Formel ist einfach: Geschieht eine Gewalttat durch junge Männer mit Migrationshintergrund, folgt die öffentliche Empörung in den Medien, vorneweg in der Springer-Presse. Dann eilen Politiker und Integrationsexperten in die Talkshows und fordern im Pawlow'schen Reflex: »Konsequenzen!« Es wird über die Herkunftskultur der »Migrantenkinder« geklagt, die hierzulande so viele Probleme bereitet. Der Subtext: Das normative »gute« Verhalten sei »deutsche Kultur«, abweichendes »schlechtes« Verhalten wird als »ausländische Kultur« externalisiert. Ganz vorne dabei: Friedrich Merz. Vor einiger Zeit nahm der CDU-Chef in der Talkrunde von Markus Lanz Krawalle in Berlin zum Anlass, Ressentiments freien Lauf zu lassen, verpackt als Solidarität mit deutschen Lehrerinnen: Angeblich würden die Väter migrantischer Schüler, er nannte letztere »kleine Paschas«, in den Schulen erscheinen, wenn ihre Kinder von Lehrern und vor allem Lehrerinnen kritisiert würden.

Auf welcher empirischen Grundlage hat sich diese Vorstellung bei ihm festgesetzt? Fast könnte man meinen, dass Merz seine Zeit in den vergangenen Jahren nicht etwa in Aufsichtsratssitzungen von Dax-Unternehmen verbracht hat, sondern beim Elternbeirat in der Schule. Unserer Erfahrung nach ist das Gegenteil der Fall. Sie entspricht viel eher dem, was der marokkanischstämmige Comedian Benaissa Lamroubal von seiner Schulzeit berichtet: Der Unterschied zwischen arabischen und deutschen Eltern bestehe darin, dass »deutsche Eltern zum Elternsprechtag kommen, weil sie wirklich interessiert sind. Sie verteidigen ihre Kinder, als ob sie ihre Rechtsanwälte wären«. Und arabische Eltern? »Bei uns gibt's so was nicht. Unsere Eltern gehen zum Elternsprechtag, um uns gemeinsam mit dem Lehrer fertigzumachen.«

Am Ende gibt es migrantische Eltern in allen Sorten, wobei fairerweise gesagt sei, dass auch deutsche Eltern nicht alle gleich sind. Bemerkenswert ist nur, dass der Vorsitzende der zweitgrößten Partei im Bundestag immer noch glaubt, mit solchen Pauschalisierungen punkten zu können. Immerhin, das kann man ihm zugestehen, ist Merz darin konsequent – seit mehr als zwanzig Jahren. Bereits im Oktober 2000 konstatierte er in der *Welt*: »Zuwanderer, die auf Dauer hier leben wollen, müssen sich einer gewachsenen freiheitlichen deutschen Leitkultur anpassen.« Er wolle »Schweinebraten statt Döner«. Der damals noch unbekannte Grünen-Bundestagsabgeordnete Cem Özdemir kommentierte das Merz'sche Menü so: »Deutsche Leitkultur ist im Jahr 2000 auch Currywurst, Döner, koscheres Essen, gefilte Fisch.« Dass allein die erste Silbe im Begriff der Leitkultur eine Hierarchie voraussetzt – diesen Umstand hatte der inzwischen verstorbene Paul Spiegel als Präsident des Zentralrats der Juden schon damals, um die Jahrtausendwende, treffend kritisiert.

Die leidigen Integrationsdebatten hat aber Friedrich Merz nicht erfunden. Auch sein Parteikollege Roland Koch nicht, als er 1999 im hessischen Wahlkampf die berühmte »Wo kann ich gegen Ausländer unterschreiben?«-Kampagne gegen die geplante doppelte Staatsbürgerschaft startete. Koch gewann die Landtagswahl und blieb der Strategie treu: Als es für die CDU in Hessen 2007 nicht besonders gut lief, instrumentalisierte der damalige hessische Ministerpräsident kurzerhand zwei brutale Überfälle an Bahngleisen in München und Frankfurt. Die Täter wurden als Jugendliche mit Migrationshintergrund identifiziert, und Koch sagte, es gebe »zu viele junge kriminelle Ausländer«. Er beließ es nicht allein bei ausländischen Kriminellen. Gespottet hat er im Wahlkampf über »das Schlachten in der Wohnküche« jener Migranten, die zusätzlich noch »in unserem Land ungewohnte Vorstellungen zur Müllentsorgung« hätten.

Klar, heute sagen wir nicht mehr »Ausländer«, sondern »Jugendliche mit Migrationshintergrund«. Und in der Debatte über Integration kommen nicht nur Hans und Julia zu Wort, sondern auch Younis und Fatma. Trotzdem bleibt die Unterscheidung von einem Wir (die Deutschen) und einem Ihr (die Migranten) präsent. Als wir unlängst im Zug einem lautstarken Gespräch über Silvesterkrawalle zwischen zwei Männern im Anzug lauschen mussten, sprach der eine von »guten Migranten« – es gebe schließlich auch solche, die Gewalt verurteilten. Sein Gesprächspartner pflichtete ihm bei und fügte hinzu: »Ja, die schämen sich sogar für ihre Landsleute.« Wer auch immer diese »Landsleute« sein sollen, sei dahingestellt, aber folgen wir dieser Logik, müssten eigentlich alle Männer moralisch in Kollektivhaft genommen werden, schließlich ist eine offensichtliche Gemeinsamkeit der Täter das Geschlecht.

Wenn migrantische Jugendliche am Bahngleis gewalttätig werden, in Schulen randalieren oder an Silvester Krawalle machen, wird jedes Mal aufs Neue von Politikern gefordert, »die Integrationsdebatte« zu führen. Was haben die Debatten der vergangenen zwanzig Jahre gebracht? Vielleicht ist es an der Zeit, den Integrationsgedanken selbst zu hinterfragen. Könnte dahinter der Wunsch zum Ausdruck kommen, in Deutschland würde alles wieder gut, wenn sich nur endlich alle Migranten integrierten?

Und selbst wenn sie sich perfekt integrierten, werden die Migranten oder ihre Kinder wirklich deutsch? Ganz ehrlich: niemals. Wir beide haben die deutsche Staatsangehörigkeit angenommen. Doch mit einem Akzent im Deutschen oder brauner Hautfarbe begegnet uns stets ein Schmunzeln, wenn wir uns als Deutsche ausweisen. Immer wieder treffen wir auf die unausgesprochene Vorstellung über das Deutschsein, das nicht an den formellen Status der Staatsangehörigkeit geknüpft ist. Warum sonst wollte die Berliner CDU die Vornamen der Täter mit deutschem Pass wissen?

Das Integrationsversprechen lässt sich so formulieren: Du kannst auch als Nichtdeutscher zum Deutschen werden, sobald du nach den Normen und Maßstäben der Mehrheit handelst. Was diese Normen sind, musst du selbst herausfinden. Für die einen ist es Verfassungspatriotismus, für die anderen der Schweinebraten. Und für mehr als ein Drittel der Deutschen ohne Migrationshintergrund sind deutsche Vorfahren eine Voraussetzung, um deutsch zu sein – so steht es in einer Studie von 2016. Als wäre die Gesellschaft statisch und in ihrer Entwicklung abgeschlossen – ein geschichtsloses Konzept, das unserer Realität fremder nicht sein kann.

Seit Jahrzehnten wissen wir, dass Deutschland Zuwanderung braucht. Mindestens ein Jahrzehnt lang müssten jährlich vierhunderttausend Menschen nach Deutschland einwandern, um die Gesellschaft am Laufen zu halten. Ob wir wollen oder nicht: Wir brauchen Migration – seien es Fachkräfte im Maschinenbau, in der Hightech-Branche oder in der Pflege der Alten und Kranken. Längst ist diese Erkenntnis auch bei der CDU angekommen. Dass ohne Migration in Deutschland nichts mehr funktionieren würde, sagt Johannes Winkel, der Vorsitzende der Jungen Union. Wenn das so ist, sollten wir uns als Gesellschaft endlich fragen: Wie wird aus dem Ihr ein großes Wir? Anders gefragt: Wie können Hans, Younis, Julia und Fatma gleichermaßen als Deutsche durchgehen? Solange soziale Probleme kulturalisiert und externalisiert, also auf vermeintlich Fremde und andere geschoben werden, bleibt alles beim Alten – wie in unserer sanierungsbedürftigen Küche.

Ein ungewöhnliches Paar

Was Pakistan und Israel verbindet

Am 7. Oktober endeten die Proteste abrupt. Aber inzwischen wird in Israel wieder gegen die Regierung demonstriert. Entwickelt sich daraus erneut eine Massenbewegung? Im Familienchat werden wieder Videos von Demonstrationen geteilt ... und die Erinnerungen an den November 2022 kommen wieder hoch. Als in jenem Monat das Wahlergebnis bekannt wurde, schien das Land in eine Schockstarre zu verfallen. Es war schlicht unbegreiflich, dass Israel von einer Bande fanatischer Siedler, Ultraorthodoxer mit Vorstellungen aus dem Mittelalter und Rechtspopulisten vom Schlage eines Trump oder Bolsonaro regiert werden sollte. Viel Zeit, die Nachricht zu verdauen, gab es nicht. Denn gleich zu Jahresbeginn verkündete die neue Regierung ihr Programm: Politiker wählen die Richter, Minderheitenrechte sind passé, kritische Medien und Kultur gehören abgeschafft, und die Todesstrafe wird wieder eingeführt. Eine Horrorvorstellung, die drohte Realität zu werden.

Dreitausend Kilometer Luftlinie von Israel entfernt, waren wir über den Kampfgeist der Familie stolz. In unserem Familienchat beschränkten sich unsere Beiträge zunächst auf Ermutigungen. Und wir beide diskutierten immer wieder die gleichen Fragen bis spät in die Nacht: Was ist schiefgelaufen im Land? Wie kann es sein, dass mehr oder weniger die Hälfte der Israelis kein Problem damit zu haben scheint, die liberale Demokratie zu entsorgen?

Eigentlich war die Gründungsidee des Staates eine andere, stellten wir fest, als wir nun das Buch »Altneuland« wieder aufschlugen. Ein utopischer Roman aus dem Jahr 1902, verfasst von Theodor Herzl, dem Vater des Zionismus. Der jüdisch-säkulare Journalist aus Wien träumte von einer Gesellschaft, in der Juden und Araber friedlich und gleichberechtigt zusammenleben. Religion sollte keine Rolle im öffentlichen Leben spielen. In seinem Roman kommt auch ein Rabbiner vor, der die Nichtjuden ausschließen will. Dieser Versuch wird von den Menschen abgelehnt. Stattdessen setzt sich die Regel durch, dass wer sich zwei Jahre in den Dienst der neuen Gesellschaft stellt, gleichwertiges Mitglied werden kann, egal »welcher Nation oder Konfession er auch immer angehören mag«. Denn die Werte Freisinn und Menschenliebe müssen dieser neuen Gesellschaft zugrunde liegen, so Herzl: »Zion ist nur dann Zion!«

War Herzl naiv? Kann ein Staat, der sich als Heimstätte für Mitglieder einer Religion definiert, auch wirklich als liberale Demokratie funktionieren? Das fragten wir uns – und landen dann wieder bei der grundsätzlichen Frage zum Verhältnis von Staat und Religion. Erstaunlicherweise gibt es genau zwei Staaten auf dieser Erdkugel, deren Gründungsziel eine Heimstätte für eine Religionsgemeinschaft war. Und das sind tatsächlich unsere Herkunftsländer, Israel und Pakistan. Aber es gibt noch weitere Gemeinsamkeiten.

Sie sind beide als ehemals britische Kolonien fast gleichzeitig nach dem Zweiten Weltkrieg entstanden: Pakistan im Jahr 1947, Israel folgte ein Jahr später. Pakistan ist aus der Bewegung des »Pakistan Movement« entstanden, die für die Gründung einer muslimischen Nation die Teilung Britisch-Indiens anstrebte. Israel ist die Erfüllung des zionistischen Traums, einen jüdischen Staat zu gründen – als Schutz vor jahrhundertelangen Verfolgungen, Vertreibungen und Pogromen an Juden in Europa, die im Holocaust gipfelten. Ihre jeweilige Unabhängigkeit erkämpften sich beide Staaten in blutigen Auseinandersetzungen. Millionen von Muslimen, Hindus und Sikhs wurden vertrieben und zur Migration gezwungen. Hunderttausende Palästinenser aus Israel und etwa so viele Juden aus arabischen Staaten wurden vertrieben.

Dass Pakistan und Israel historische Zwillinge sind, darauf sind natürlich nicht wir allein gekommen. Dies haben auch schon andere erkannt, unter ihnen so prominente, aber gleichsam auch problematische Zeitgenossen wie der pakistanische Militärdiktator Zia-ul-Haq, der 1981 feststellte: »Pakistan ist wie Israel ein ideologischer Staat. Wenn Israel das Judentum genommen wird, bricht es wie ein Kartenhaus zusammen. Wenn Pakistan der Islam genommen wird und ein säkularer Staat entsteht: Er würde kollabieren.«

Pakistan und Israel mögen Zwillinge sein, allerdings keine eineiigen. Und im Übrigen kann von einem brüderlichen Umgang miteinander keine Rede sein: Man pflegt keine diplomatischen Beziehungen.

Israel wurde zwar als jüdischer, jedoch nicht als religiöser Staat gegründet. Im Fall Pakistans ist die Sache allerdings nicht so eindeutig, wie man auf den ersten Blick glauben mag. Zwar war die religiöse Identität für die Staatsgründung entscheidend, jedoch war der Gründer Pakistans, Muhammad Ali Jinnah, alles andere als religiös. Seine Vision galt einem säkularen Staat, in dem alle Muslime ein Zuhause finden. Herzl lässt grüßen: Der Historiker Faisal Devji schreibt in seinem Buch über Pakistans Geschichte mit dem programmatischen Titel *Muslim Zion*, dass Jinnah die zionistische Idee lange studierte. Er habe »mehr Bücher über die Situation der europäischen Juden gehabt als über Muslime in irgendeinem anderen Land«.

Jedoch wurde die Vision Jinnahs, der bereits ein Jahr nach der Staatsgründung Pakistans verstarb, von den wenigsten geteilt. Es sollte noch einige Jahre dauern, aber die Islamisierung des pakistanischen Rechts begann spätestens mit der Übernahme des Militärdiktators Zia-ul-Haq 1977. Er machte die Anwendung des islamischen Rechts zur ideologischen Priorität seiner elfjährigen Diktatur. Ein radikales Islamverständnis wurde sowohl im Straf- und Eherecht, Bildungswesen als auch in der Erhebung von Steuern zwangseingeführt und tatsächlich von weiten Teilen in der Bevölkerung begrüßt. Dennoch ist das Land bis heute von inneren Unruhen geprägt: ethnische Konflikte unter den verschiedenen Minderheiten, eine schwache Wirtschaft und der Terrorismus sind die Ursachen dafür. Bis heute leidet das Land einerseits unter dem Einfluss islamistischer Kräfte und andererseits unter der eher verdeckten Macht des Militärs.

Das Jahr 1977 war auch für Israel ein Schicksalsjahr. Nachdem die sozialistisch-säkulare Arbeitspartei das Land ohne Unterbrechung knapp dreißig Jahre regiert hatte, kam die rechtsgerichtete, jüdisch-traditionelle Likud-Partei an die Macht. Der neue Ministerpräsident Menachem Begin, ein begnadeter Redner, kombinierte in seiner Rhetorik meisterhaft Nationalismus und Religion. Unter Begins Anhängern formierte sich eine besonders ambitionierte Gruppe namens »Gusch Emunim«, die Siedlerbewegung. Sie vertraten die Ideologie, dass das »große Israel« die Erfüllung eines religiösen Traums sei. Denn die Rückkehr des jüdischen Volkes zu den heiligen Stätten in Jerusalem, Nablus und Hebron würde die Ankunft des Messias herbeiführen. Eine Vorstellung, die den sozialistischen Gründervätern und -müttern des Landes völlig fremd war. Fast fünf Jahrzehnte später wurde zwar der Messias noch nicht gesichtet, doch die zweite Generation der Siedlerbewegung ist endgültig an die Macht gekommen. Ihre Vertreter, der Finanzminister Bezalel Smotrich und der Minister für Nationale Sicherheit, Itamar Ben-Gvir, scheinen die aktuelle Innen- und Außenpolitik Israels sogar in einem stärkeren Maße zu bestimmen als Ministerpräsident Netanjahu.

Wie kam es dazu, dass beide national-dekolonialen Gründungsprojekte in Pakistan und Israel – bei allen Unterschieden und Spezifika – von Fanatikern übernommen wurden? Wenn religiöser Fundamentalismus auf Nationalismus trifft, entsteht eine gefährliche Mischung. Der Historiker Volker Weiß stellt gegenwärtig den internationalen Trend einer sogenannten Nationalreligiosität fest, der derzeit neben Israel auch in Indien, Iran und der Türkei zu beobachten ist. Sobald die Nationenbildung tatsächlich oder vermeintlich abgeschlossen ist, würden religiöse Elemente den Staat durchdringen. Dann ersetzen nationalreligiöse Kräfte die Identifikation mit der eigenen Nation durch eine religiöse Zugehörigkeit. Konkret äußert sich das so: Laut einer Umfrage von 2010 würden sich fast neunzig Prozent der pakistanischen Bevölkerung in erster Linie als Muslime begreifen und nicht als Pakistani. Auch in Israel ist eine ähnliche Entwicklung im Gange. Schon als Netanjahu 1996 seine erste Wahl gewann, sagte sein Kontrahent Schimon Peres: »Wir, die Israelis, haben verloren. Gewonnen haben die Juden.«

Beide Staaten stecken nun im Sumpf des religiösen Fundamentalismus und der Hoffnungslosigkeit. Säkulare und gebildete Menschen suchen nach Optionen der Auswanderung, was eine Art demografischer Abwärtsspirale in Gang setzt. In nächtlichen Gesprächen versuchen wir uns gegenseitig zu überbieten, welches Land noch kaputter ist. Sarkasmus wird aber niemandem in Israel und Pakistan helfen. Vielleicht aber eine Lektüre der Schriften von Herzl?

Wie politisch darf die Wissenschaft sein?

Der Doktortitel als Gütesiegel für gelungene Integration

Der vorläufig letzte Plagiatsskandal der Bundesrepublik waren die Vorwürfe gegen die Doktorarbeit der Vizechefredakteurin der *Süddeutschen Zeitung* Alexandra Föderl-Schmid im Frühjahr 2024. Beauftragt wurde die Überprüfung der Dissertation durch das rechtspopulistische Portal *Nius* des ehemaligen *Bild*-Chefredakteurs Julian Reichelt. In keinem Land werden Plagiatsfragen so intensiv verhandelt wie hier. Außer in Österreich ist wohl auch nirgendwo die symbolische Bedeutung des Doktortitels so groß wie hierzulande. Etwas mehr als zwei Prozent eines Jahrgangs erwerben den Titel in Deutschland. Das sind fast doppelt so viele wie in anderen europäischen Ländern oder in Amerika. Von unseren Verwandten aus aller Welt, sei es in Israel, England oder Kanada, wurden wir nicht nur einmal gefragt, was es mit dieser Titelliebe auf sich hat. Nun müssen wir beide nicht so tun, als tickten wir anders als die Deutschen. Wir machen eifrig mit: Einer hat schon vor mehr als zehn Jahren den Zusatz vor dem Namen erhalten, die andere ist gerade mitten im Schreibprozess.

Warum wir uns entschieden haben, einige wertvolle Jahre unseres Lebens dem Verfassen einer Doktorarbeit zu widmen? Nun ja, es gibt viele Gründe. Insbesondere für Migranten aber gilt ein solcher Titel als Gütesiegel, nach dem Motto: Bravo, erfolgreich integriert!

Für Juden galt die Promotion schon seit dem achtzehnten Jahrhundert als Symbol einer gelungenen Integration. 1784 promovierte an der Universität Leipzig der erste Jude, Salomon Hirsch Burgheim. In Bayern mussten Juden noch fast hundert Jahre lang dafür kämpfen, einen Ruf an eine Universität zu bekommen. Als Erster schaffte es 1869 der Arzt Jakob Herz, ordentlicher Professor der Anatomie in Erlangen zu werden.

In der Weimarer Republik besaßen dann schon viele Juden in Deutschland Doktor- und Professorentitel. Als deutsche Juden Anfang der Vierzigerjahre nach Palästina flohen, mussten sie sich mit ihrem beruflichen Abstieg abfinden. Eine beliebte Anekdote aus dieser Zeit handelt von zwei Bauarbeitern. Der eine gibt dem anderen einen Ziegelstein: »Bitte schön, Herr Doktor«, sagt der eine. »Danke schön, Herr Professor«, erwidert der andere.

Den ersten muslimischen Doktoranden in Deutschland ging es weniger um Integration. Sie kamen in den Zwanzigerjahren unter anderem aus Nordafrika, Indien und dem Mittleren Osten mit dem Ziel, hier ihr Promotionsstudium zu absolvieren. Interessanterweise entstand zu dieser Zeit erstmalig eine Art Milieu muslimischer Intellektueller hierzulande, welches aus den zugezogenen Studenten, Akademikern und einigen jüdischen

Intellektuellen bestand. Besonders bekannt aus diesen Kreisen ist der deutsch-jüdische Schriftsteller Hugo Marcus, der zum Islam übertrat und Chefredakteur der ersten deutschsprachigen muslimischen Zeitung *Moslemische Revue* wurde. Viele Doktoranden verließen Deutschland allerdings wieder, sie wurden spätestens nach der Machtübernahme der Nationalsozialisten zur Ausreise gezwungen. So etwa der Chemiker Khwaja Abdul Hamied, der für seine Promotion aus Indien gekommen war, in Berlin seine jüdische Ehefrau Luba Derczanska kennenlernte und nach 1933 mit ihr gemeinsam nach Indien zog.

Egal ob Muslime, Juden oder Christen, der Wunsch der Deutschen nach einem Doktortitel hat dennoch nicht dazu geführt, dass wissenschaftliche Forschung in der Öffentlichkeit nur positiv gesehen würde. Nicht erst seit der Covid-19-Pandemie wird Wissenschaftlern öffentlich oftmals Häme entgegengebracht. Dazu gehört die Vorstellung, sie seien weltfremd und lebten in einem Elfenbeinturm.

Während fachlich versierte Forscher es mitunter schwer haben, breites Interesse für ihre Arbeit in der Öffentlichkeit zu bekommen, erfährt ein anderer Typ Wissenschaftler aktuell Zuspruch. Wir meinen jene, die oft an der Grenze von Wissenschaft und Politik agieren, wenn sie diese in Richtung Letzterer überschreiten. Schon vorweg: Wie politisch Wissenschaft sein darf, ist umstritten. Allein deshalb, weil die Einschätzungen darüber, wo »das Politische« beginnt, weit auseinandergehen. Nicht immer sind aktivistische Wissenschaftler »ein Gräuel«, wie Johannes Pennekamp mit dem Soziologen Max Weber unlängst in der *FAZ* argumentierte.

Problematisch wird es erst dann, wenn eine politische Agenda und der Wunsch nach öffentlicher Aufmerksamkeit über das Erkenntnisinteresse gestellt werden. Ein Beispiel für misslungene aktivistische Wissenschaft war die Konferenz »Migration steuern, Pluralität gestalten« der Ethnologin Susanne Schröter, die im April 2023 an der Goethe-Universität in Frankfurt stattfand. Bundesweite Schlagzeilen machte sie vor allem wegen der holocaustrelativierenden und rassistischen Entgleisungen des Tübinger Oberbürgermeisters Boris Palmer. Susanne Schröter lobte ihre eigene Veranstaltung im Nachhinein als »sehr gute und differenziert geführte Tagung«. Dieser wenig bescheidenen Selbstevaluation konnten sich die Universitätsleitung sowie das Exzellenzcluster »Normative Orders«, dem ihr Institut angehört, nach der Konferenz nicht anschließen. Es ist angemessen, eine wissenschaftliche Konferenz nicht nur anhand einzelner Äußerungen von Rednern, sondern auch nach ihrem wissenschaftlichen Gehalt zu bewerten. Dabei stellt sich die Frage, welchen wissenschaftlichen Mehrwert die Konferenz brachte. Schaut man sich die eingeladenen Referenten an, wird schnell klar, dass der Großteil keine wissenschaftliche Expertise zum Konferenzthema besaß. Vielmehr standen auf dem Rednerpult Aktivisten wie die Lehrerin Birgit Ebel, Mitbegründerin einer Initiative mit dem Namen »extremdagegen!«, und Funktionäre wie Heinz-Peter Meidinger, Präsident des Deutschen Lehrerverbands. Wissenschaftliche Publikationen zum Thema Migration sind nur bei drei von elf Referenten der Konferenz zu finden.

Ein performativer Widerspruch ist nicht nur die Tatsache, dass eine wissenschaftliche Konferenz mit so wenigen Wissenschaftlern abgehalten wurde. Noch paradoxer ist, zumal wenn man den Namen von Schröters Institut auf sich wirken lässt, dass für die Konferenz kein einziger Referent aus dem Ausland eingeladen wurde: Erstaunlich, dass ein »Forschungszentrum Globaler Islam« derart provinziell auftritt.

Zu ihrer Verteidigung warf Susanne Schröter die »Third Mission« der Hochschulen ein, die eine Interaktion zwischen Wissenschaft und Gesellschaft vorsieht. Sie wolle nicht im Elfenbeinturm vor sich hin denken. Doch in diesem Fall schien der Unterschied zwischen einer wissenschaftlichen Konferenz an der Universität und einer Talkshow oder einem Stammtischgespräch nicht mehr deutlich erkennbar. So trat man hier statt mit Studien und Statistiken auch mit Demo-Transparenten und Empörungsgesten in den Disput.

Wir waren dieses Mal nicht vor Ort, sondern per Livestream dabei. Nachdem wir schon einmal, im Mai 2019, an einer Konferenz Susanne Schröters mit dem Titel »Das islamische Kopftuch – Symbol der Würde oder der Unterdrückung?« teilgenommen hatten, glauben wir, das Prinzip verstanden zu haben. Damals war Alice Schwarzer dabei und machte Furore, als sie sich mit den studentischen Gegendemonstranten vor dem Konferenzsaal anlegte. Beide Konferenzen zeichneten sich dadurch aus, dass sie das Potenzial nicht ausschöpften, auf einer universitären Konferenz gesellschaftlich hochumstrittene Fragen aus wissenschaftlicher Perspektive fachkundig und konstruktiv zu diskutieren. Gerade für die aufgeregte Debatte um Islam und Migration ist das aber erforderlich.

Auch nach dem Ende der Konferenz 2023 war es mit der akademischen Schlammschlacht nicht vorbei. Nun war die Gegenseite am Zug. Über Nacht veröffentlichten mehr als zweihundert Wissenschaftler eine Stellungnahme, in der sie die Universitätsleitung aufforderten, die Unterstützung des veranstaltenden Instituts zu prüfen: »Schröters Forschungszentrum ist zu einer Zumutung geworden, und es ist beunruhigend zu sehen, wie sie ihre akademischen Titel und ihre Position einsetzt, um Wasser auf die Mühlen des Rechtspopulismus zu gießen«, schrieben die Unterzeichner.

Von der anderen Seite sprang das »Netzwerk Wissenschaftsfreiheit« Susanne Schröter bei und verurteilte den offenen Brief. Dies sei ein »Versuch der Einschränkung der Wissenschaftsfreiheit«, und die Unterzeichner werden aufgefordert, »sich von diesem völlig unangemessenen Angriff auf die Wissenschaftsfreiheit zu distanzieren«. Dieser Forderung pflichteten dann fast sechshundert Wissenschaftler und Persönlichkeiten des öffentlichen Lebens in einem weiteren Aufruf bei und sprachen Susanne Schröter und ihr Forschungszentrum von Rassismusvorwürfen frei.

Wir lasen die Protestbriefe und die Gegenprotestbriefe. Sie berufen sich gleichermaßen auf akademische Standards und Wissenschaftsfreiheit, lassen aber offen, was konkret damit gemeint ist. Ob sich Max Weber Anfang des zwanzigsten Jahrhunderts hätte vorstellen können, dass Wissenschaftler sich eines Tages lieber mit Unterschriften statt mit Argumenten gegenseitig überbieten wollen? Ein »Gräuel«, würde er vermutlich bei X schreiben.

Wer ein Haus baut, will bleiben

Wie Judentum und Islam mit dem Sterben umgehen

Vor einigen Tagen erreichte uns die Nachricht, dass eine langjährige Freundin verstorben ist. Auch wenn wir die Verschlechterung ihres Zustandes von einem Treffen zum nächsten mitbekamen, konnten wir es dennoch kaum fassen. Es ist auch nicht lange her, dass Freunde von uns ihre dreizehnjährige Tochter verloren haben, völlig unerwartet. So häufen sich seit einiger Zeit bei uns zu Hause die Gespräche über Leben und Tod, über Trauer. Und natürlich spielen unsere jeweiligen kulturellen und religiösen Prägungen dabei eine Rolle.

Es begann schon bei der Frage, ob man sich von dem verstorbenen Menschen »persönlich« verabschiedet. Nach islamischem Brauch gibt es die Möglichkeit für Angehörige, das Gesicht der verstorbenen Person vor der Beerdigung noch einmal zu sehen. Für viele Muslime stellt dies den wichtigsten Moment des Abschieds dar – vollkommen unvorstellbar dagegen für viele Juden. So war das auch bei uns: »Begleitest du mich morgen zum Bestattungsinstitut, um Abschied zu nehmen?« – »Ernsthaft?! Nein, das kann ich nicht.«

In beiden Religionen gilt die Pflicht, die verstorbene Person so schnell wie möglich zu beerdigen – im Judentum wenn möglich noch am Todestag. Es fühlt sich seltsam an, dass es hierzulande manchmal Wochen dauert, bis der Verstorbene beerdigt wird. In der jüdischen Tradition beginnt erst nach der Beerdigung die Trauerzeit, die sieben Tage dauernde Shiva. Die Familienangehörigen ersten Grades sitzen dann im Haus des Verstorbenen, in der Regel auf dem Boden. Die entfernten Verwandten und Freunde kommen zu Besuch und bringen Essen oder Getränke mit. Erst nach dreißig Tagen wird der Grabstein gelegt.

Im Islam spricht man von drei Trauertagen nach dem Tod. In dieser Zeit empfängt die Familie des Verstorbenen Freunde, Bekannte und entferntere Familienmitglieder, die ihr Beileid ausdrücken und Gebete im Namen des Verstorbenen sprechen. Ähnlich wie in jüdischer Tradition kümmert sich die Gemeinschaft um das Essen und andere Grundbedürfnisse der Familie. Eine besondere Regel gilt für Witwen: Frauen sollen vierzig Tage nach dem Tod ihres Ehegatten nicht das Haus verlassen, außer für nicht aufschiebbare Erledigungen.

Gäbe es kein angenehmeres Thema für unsere Kolumne als den Tod? Sicher, aber auch der Tod gehört zum Leben. Im Buch Genesis sagt Gott: »Du kommst vom Staub, und zum Staub wirst du zurückkehren«. Eine Tatsache, die wir im Alltag ziemlich effektiv verdrängen.

Wir haben uns inzwischen gefragt, wo wir begraben werden möchten. Zusammen begraben zu werden – das würde als Konfessionslose auf einem städtischen Friedhof wohl gehen, denn (noch) gibt es keinen jüdisch-muslimischen Friedhof. In Deutschland gibt es etwa zweitausend jüdische Friedhöfe, von denen allerdings derzeit wahrscheinlich nur eine Handvoll aktiv genutzt wird. Es ist schon etwas her, dass wir gemeinsam am alten jüdischen Friedhof in Frankfurt vorbeiliefen. Spontan beschlossen wir, uns den Ort anzusehen. So kamen wir an den Gräbern der Familie Rothschild, der Frauenrechtlerin Bertha Pappenheim und auch am Grab des Gründers der *Frankfurter Zeitung* Leopold Sonnemann vorbei.

Erstaunlicherweise gibt es bis heute keinen einzigen islamischen Friedhof in Deutschland. Da Muslime mit fast sechs Millionen Menschen hier die zweitgrößte Glaubensgemeinschaft sind, sollte es selbstverständlich sein, Flächen für ihre Gräber zu schaffen. Es gibt zwar sogenannte Parzellen auf einigen deutschen Friedhöfen, in denen nach muslimischer Tradition bestattet wird, das heißt: Der Tote wird rechtsseitig in die Gebetsrichtung nach Mekka niedergelegt. In Wuppertal gibt es das erste Friedhofsprojekt, das von muslimischen Gemeinden betrieben wird. Allerdings ist die Finanzierung noch nicht gesichert.

Warum gibt es solche Initiativen erst jetzt? Lange Zeit war – und ist es noch für viele – üblich, dass zugewanderte Muslime in ihren jeweiligen Herkunftsländern bestattet werden, selbst wenn sie jahrzehntelang hier gelebt haben. Wovon zeugt der Wunsch nach Rückkehr in die Heimat nach dem Tod? Ist es die Verwurzelung in das Geburtsland oder ein Fremdheitsgefühl in Deutschland? Jedenfalls wurden muslimische Bestattungsinstitute vermehrt zu Organisatoren der Leichnam-Überführung. Doch allmählich ändern sich die Bedürfnisse hiesiger Muslime: Die Generation, die hier geboren und aufgewachsen ist, möchte nun zunehmend auch in Deutschland bestattet werden. Was einst Salomon Korn für Juden konstatierte – »Wer ein Haus baut, will bleiben« –, kann heute für Muslime vielleicht so formuliert werden: Wer ein Grab baut, will nicht mehr zurück.

Sollte der Plan in Wuppertal aufgehen, besteht die Gefahr, dass der islamische Friedhof Zielscheibe von Rechtsextremisten wird. Jüdische Friedhöfe werden regelmäßig geschändet. Das war auch einer der Gründe für den Wunsch des ehemaligen Präsidenten des Zentralrats der Juden in Deutschland Ignatz Bubis, nach seinem Tod nach Israel überführt und dort begraben zu werden. Das Grab seines Vorgängers Heinz Galinski in Berlin wurde bereits zweimal zum Ziel eines Sprengstoffattentates. Bubis wurde 1999 in Tel Aviv begraben. Es ist wohl eine Ironie der Geschichte, wie der damalige Regierungssprecher Uwe-Karsten Heye kommentierte, dass Bubis' Grab in Tel Aviv schon am Tag der Beerdigung beschmutzt wurde. Der Täter, ein gebürtiger Israeli, hatte selbst jahrzehntelang in Deutschland gelebt. Vor der deutschsprachigen Presse erklärte er Bubis zu einem »Dieb, Betrüger und Lügner«, der Bordelle und illegale Immobiliengeschäfte betrieben habe.

In unseren Gesprächen über den Tod konnten wir die jüngsten politischen Debatten über Sterbehilfe schwerlich ignorieren. Anlass für die Diskussionen über die Neuregelung der Sterbehilfe war eine Entscheidung des

Bundesverfassungsgerichts: Aus Sicht der Richter in Karlsruhe schränkt das bisher geltende Verbot einer sogenannten geschäftsmäßigen Sterbehilfe das Recht auf selbstbestimmtes Sterben zu sehr ein. Selbstbestimmtes Sterben: Allein der Ausdruck stellt uns vor unzählige Fragen: Wie kann man sicherstellen, dass die Entscheidung, nicht mehr leben zu wollen, dem eigenen und unabhängigen Willen entspringt?

Wo liegen die Grenzen der Selbstbestimmung, bei der Frage nach dem geplanten Sterben? Und was sagen unsere jeweiligen Religionen zur Sterbehilfe? Wahrscheinlich ist es keine Überraschung, dass sich darin beide sehr ähnlich sind: Über Leben und Tod entscheidet der Allmächtige, weshalb aktive Sterbehilfe untersagt ist. Passend dazu heißt es im Talmud: »Wer ein Menschenleben rettet, rettet die ganze Welt.« Und im Koran: »Wenn jemand einem Menschen das Leben schenkt, so ist es, als hätte er der ganzen Menschheit das Leben geschenkt.«

Daraus wird in den jeweiligen orthodoxen Auslegungen abgeleitet, dass das Gottesgeschenk des Lebens keinesfalls freiwillig zurückgegeben werden darf. Etwas vage wird es, wenn es etwa um den Verzicht auf Medikamente und Behandlung geht: Nach islamischer Tradition tritt hier eine Ambivalenz ein, denn einerseits werden Medizin und ihre Wirkung als Produkt des Schöpfers gesehen, der mit jeder Krankheit auch ein Heilmittel schuf. Wenn allerdings feststeht, dass Medikamente keine Heilung mehr bringen oder der Mensch an Maschinen angeschlossen ist, kann der Verzicht auf weitere Behandlung islamisch legitimiert werden. Ähnlich wird im liberalen

Judentum die Sterbehilfe mehrheitlich als zulässig erachtet, wenn keine Hoffnung auf Heilung besteht. Unabhängig von gesetzlichen Regelungen: Es ist gut, wenn darüber gesprochen wird. Nicht nur im Bundestag, sondern auch in der Gesellschaft. Bei unserem Abendbrot ist das Thema jedenfalls noch nicht abgefrühstückt.

Keine gepackten Koffer

Warum wir das Land nicht der AfD überlassen

Vor Kurzem haben wir uns ein außergewöhnliches Osterreiseziel ausgesucht, zumindest für uns Migranten. Ostern im Osten, ja genau! Nach Thüringen sollte es gehen. Wir hatten ein nettes Hotel in einem kleinen Ort mit dem vielversprechenden Namen Heiligenstadt gebucht. Von Frankfurt ist man in zwei Stunden da. Wir fragten uns: Ticken die Leute hier in Heiligenstadt anders als die Menschen im nur dreißig Kilometer entfernten Göttingen oder um die Ecke in Bad Hersfeld?

Als Urlaubslektüre nahmen wir Dirk Oschmanns Bestseller »Der Osten: eine westdeutsche Erfindung« mit. Die These ist einfach: Die westdeutsche Politik und die dortigen Medien haben Ostdeutschland konstruiert. »Ossis« gibt es nur, weil die »Wessis« sie imaginieren. In den Sozialwissenschaften gibt es seit jeher die Tradition, Begriffe zu dekonstruieren, seien es die Nation, das Volk, die Migranten – also warum nicht auch »die Ossis«? Oschmann folgt dabei Edward Saids berühmtem Buch »Orientalismus«. Wenn Said von einem westlichen Blick auf die arabische Welt und deren Erfindung des »Orients« spricht, geht es Oschmann darum, dass unser Bild der DDR eine westdeutsche Imagination ist. Als wir das Buch in Heiligenstadt abwechselnd lasen, stellten wir uns eine banale Frage: Steht Fremdheit nicht immer im Spannungsfeld von Konstruktion und realen Differenzen? Dass Ossis als »andere« von den Wessis imaginiert werden, schließt nicht aus, dass sie durch das politische System der DDR anders sozialisiert wurden.

Während unseres Thüringenurlaubs merkten wir, wie sehr unsere Vorstellungen vom Osten uns stets alarmierten. Schon der Satz des Portiers beim Einchecken löste unseren AfD-Detektor aus: »Sie sind Familie Cheema, das habe ich mir schon gedacht.« War der Satz freundlich gemeint oder Ausdruck einer migrantenfeindlichen Gesinnung? Tags drauf spazierten wir in der Innenstadt durch die Fußgängerzone. Plötzlich lächelte uns Björn Höcke im XXL-Format am AfD-Parteibüro an. Wir blieben spontan stehen und machten ein Selfie vor dem Schaufenster. Inzwischen haben wir die Peinlichkeit aus dem Smartphone gelöscht, keine Ahnung, was uns dazu getrieben hat. Die anderen Spaziergänger liefen jedenfalls gleichgültig am Schaufenster vorbei. Ob die Menschen in Frankfurt gegenüber dem riesigen Poster eines amtlich bescheinigten Faschisten auf der Einkaufsmeile Zeil auch so gleichgültig wären?

Abends entschieden wir uns angesichts des überschaubaren gastronomischen Angebots für ein uriges Restaurant unweit des Parteibüros. Als uns ein Platz zugewiesen wurde, schlug unser Detektor aufs Neue Alarm: Am Nebentisch sichteten wir ein Paar mit vielen Tattoos und zwei Kindern. Unauffällig schielten wir auf die Symbole an Armen und Beinen und fanden neben Zahlenkombinationen, die wir als Geburtsdaten der Kinder glauben dechiffriert zu haben, eine Schlange und das Eiserne Kreuz. Irgendwie, redeten wir uns ein, wirkten sie unfreundlich. Ob es daran lag, dass wir doch nicht so unauffällig schielten? Oder lag es an dem Gemälde, unter dem wir unsere wirklich vorzügliche Bärlauchsuppe löffelten? Es zeigte einen preußischen Offizier auf weißem Pferd, der in seinem rechts ausgestreckten Arm ein Schwert hält. In Frakturschrift stand geschrieben: »Alles für Deutschland«, ein späterer Wahlspruch der SA, der auch heute wieder Anwendung findet: Höcke beendete seine Wahlkampfrede 2021 in Sachsen-Anhalt mit diesen drei Worten.

War unser Detektor zu sensibel, oder war es wirklich so, dass wir von seinesgleichen umgeben waren? Unser Urlaub ist natürlich nicht repräsentativ. Schaut man auf die Ergebnisse repräsentativer Studien wie die Mitte-Studien der Universität Leipzig, so zeigt sich, dass es in Ostdeutschland einen signifikant höheren Anteil an Menschen gibt, die offen sind für autokratische Herrschaftsformen.

Wie lässt sich der dortige politische Erfolg der AfD erklären? Menschen in den neuen Ländern werden nicht mit Faschisten-Genen geboren. Und AfD-Wähler gibt es auch in westlichen Ländern zuhauf. Der in der DDR geborene Soziologe Steffen Mau beschreibt Ostdeutschland als »veränderungserschöpfte Gesellschaft«. Damit meint er all die Prozesse um den Zusammenbruch der DDR, den

Systemwechsel, Gerhard Schröders Arbeitsmarkt-Reformen, die voranschreitende Digitalisierung und den Sommer der Migration 2015/16, der das Bewusstsein über die kulturell und ethnisch diversere Gesellschaft noch einmal neu aufs Tableau brachte. All diese Veränderungen führen Mau zufolge zu Erschöpfung: Aus Angst vor »kultureller Enteignung« werde die Verteidigung des »Eigenen«, Bekannten und Heimischen zum Grundmotiv. Rechtspopulisten böten hierfür ein Angebot. Sie entlasteten die Menschen von weiteren Zumutungen und verknüpften Anerkennung mit der Botschaft: Die Welt muss sich an dich anpassen, nicht umgekehrt. Auf der anderen Seite würden Liberale jeden Einzelnen mit immer neuen Veränderungen und Anpassungszumutungen konfrontieren.

Vielleicht sollten wir es mit der Journalistin Jana Hensel halten und ihrem an ein Oxymoron grenzenden Ausdruck von der »Emanzipation von rechts«: Endlich werde der Osten sichtbar. Mit anderen Worten: Der Schuh im Osten drückt schon länger, nun ist das auch im Westen angekommen.

Die Situation ist ernst. Der Dammbruch, von dem der Präsident des Zentralrats der Juden, Josef Schuster, 2023 sprach, als ein AfD-Kandidat im Osten zum Landrat gewählt wurde, ist real. Ja, auch wir machen uns Sorgen um die Zukunft der Demokratie. Gewiss haben die Analogien aus der Vergangenheit ihre Berechtigung. Die Metapher von den gepackten Koffern steht mehr als jedes andere Bild für den Bewusstseinszustand der Juden in Deutschland nach dem Zweiten Weltkrieg. Die Metapher wird aktuell wiederbelebt. »Seit einiger Zeit überlege ich, ob ich meine Koffer wieder aus dem Schrank holen soll«, bekannte der Publizist Michel Friedman vor einiger Zeit im *Stern.* Warum ist diese Metapher so langlebig? Sie steht für die reale Angst, die Holocaust-Überlebende und ihre Nachkommen in der westdeutschen Nachkriegsgesellschaft spürten und spüren. Später wurde sie zum vermeintlichen Seismografen auch für die Angst, ein zweiter Holocaust stünde bevor. Die Juden in Deutschland sollen dabei als so etwas wie die Kanarienvögel der Bergleute fungieren: Sie sollen als Erste warnen, wenn die Luft giftig wird.

Koffer können immer wieder ein- und ausgepackt werden. Doch auch wenn Muslime und andere Minderheiten gewiss ebenfalls jede Menge Koffer besitzen, scheint niemand hierzulande so recht daran interessiert zu sein, ob auch sie vielleicht schon gepackt haben, obwohl die AfD offen gegen Muslime hetzt. Fast scheint es, als wäre die Drohung, das Land zu verlassen, hierzulande ein den Juden vorbehaltenes Privileg.

Unsere Koffer zu Hause sind gut verstaut, jedenfalls so lange, bis der nächste Urlaub ansteht. Dafür verstopfen Umzugskisten das Gästezimmer, die wir seit unserem Umzug im Frühjahr noch immer nicht ausgepackt haben. Daran trägt niemand Schuld, nur unsere Faulheit. Auswanderung ist also nicht geplant. Und wohin auch, die Alternativen sind momentan recht dürftig. Nach Israel? Wo es wenig Aussichten auf Frieden gibt und Rechtsradikale inzwischen an der Regierung beteiligt sind. Nach Pakistan? Die dortigen Islamisten sind keinen Deut besser.

Und mit Trump, Meloni oder Le Pen zieht es uns auch nicht an andere Orte. Vielleicht würde uns Elon Musk mit einer SpaceX-Rakete mit ins All nehmen?

Dabei ist es weit mehr als Alternativlosigkeit, die uns bleiben lässt. Nach den Enthüllungen des Recherche-Netzwerks Correctiv über Geheimtreffen von hochrangigen AfD-Politikern, Neonazis und finanzstarken Unternehmern, gingen Anfang des Jahres hunderttausend Menschen in ganz Deutschland wochenlang auf die Straßen. Es fühlt sich unglaublich gut an, unter so vielen überzeugten Demokraten zu sein.

Ein Tropfen Blut

Das ungeschriebene Gesetz der Identitätspolitik

Ob man katholisch, muslimisch oder Hindu ist, mag eine private Sache sein. Ob man aber jüdisch ist, wird gerne in der deutschen Öffentlichkeit diskutiert. Seit einiger Zeit tobt immer mal wieder ein Streit in den Feuilletons – und zwar nicht abstrakt, sondern ad humanem. Pionierarbeit leistete der jüdische Schriftsteller Maxim Biller im Sommer 2021: In der *Zeit* sprach er Max Czollek ab, Jude zu sein. Damals ging es um das Prinzip der Patrilinearität, also darum, dass Czollek nur väterlicherseits einen jüdischen Vorfahren hat und deswegen laut der orthodoxen jüdischen Auslegung nicht als Jude gilt. Ein Jahr später schlug Biller in die gleiche Kerbe, als er mit der Schriftstellerin Eva Menasse abrechnete. Er befasst sich verblüffend ernsthaft mit Belanglosigkeiten, beispielsweise warum Menasse im *Literarischen Quartett* ihre Davidstern-Kette nicht mehr trug.

Wer seit Frühjahr 2024 ebenfalls leidenschaftlich dabei mitmacht, »falsche« Juden zu denunzieren, ist die jüdisch-amerikanische Bestseller-Autorin Deborah Feldman. In ihrem Buch *Unorthodox* beschreibt sie ihre Geschichte und

Flucht aus der New Yorker ultraorthodoxen Satmar-Bewegung nach Berlin. Feldman, eine »echte« Jüdin, überprüft die Biografien der Menschen, die zum Judentum konvertiert sind – oder dies nur behaupten würden. Über gebürtige Juden, die aus der ehemaligen Sowjetunion stammen, hat sie keine bessere Meinung. Ihnen unterstellt sie »gar keine Ahnung« vom Judentum zu haben. Wochenlang postete sie vermeintliche Enthüllungen über bekannte Juden – wie beispielsweise den Pianisten Igor Levit und die Autorin Mirna Funk. Ihnen unterstellt sie, mit ihrer – aus Feldmans Sicht nicht echten – jüdischen Identität, persönliche Vorteile und Anerkennung erhalten zu wollen.

Was treibt Menschen wie Biller und Feldman, auf die Jagd nach falschen Juden zu gehen? Vermutlich hat es mit ihren eigenen Identitätskonflikten zu tun. Aber warum sind für den ottonormalen Deutschen solche Streitigkeiten in der Mischpoke interessant?

Es ist nicht zu leugnen, dass es tatsächlich Menschen gab, die sich fälschlicherweise als jüdisch ausgaben und damit hofften, Aufmerksamkeit zu bekommen. 2018 trat der Vorsitzende der Jüdischen Gemeinde Pinneberg, Wolfgang Seibert, zurück, nachdem der *Spiegel* seine Lüge enttarnt hatte. Kurz darauf deckte das Blatt auf, dass die Historikerin Marie Sophie Hingst sich eine jüdische Großmutter ausgedacht und eine Liste mit 22 erfundenen Holocaust-Opfern der israelischen Gedenkstätte Yad Vashem übergeben hatte. Nach der Enthüllung beging sie Suizid.

Einer der neueren bekannten Fälle ist die Geschichte des Publizisten Fabian Wolff, der im Sommer 2023 in einem Artikel in der *Zeit Online* bekannt gab, dass er doch kein Jude sei. Lange inszenierte er sich erfolgreich als junger, jüdischer, antiisraelischer und die Deutschen anklagender Autor. Wir nahmen ihn 2021 als Autor des Essays »Nur in Deutschland« ebenfalls bei *Zeit Online* wahr, in dem er als Jude die deutsche Antisemitismusdebatte und die deutschen Antisemitismusbekämpfer kritisierte. Der Essay strotzt nur so von jiddischen und hebräischen Ausdrücken und der Betonung seiner Sprecherposition: »Ich als Jude«, »Mein Leben als Jude«. Natürlich fehlte auch das Bild von den gepackten Koffern nicht, das ihm seine Familiengeschichte hinterlassen habe. Uns erschien sein Umgang mit dem Jüdischsein damals fast wie eine Zwangsstörung.

Abgesehen von der persönlichen Tragik, die die Aufdeckung der falschen Identität bedeutet, gibt die Geschichte Einblicke hinter die Kulissen der Identitätspolitik. Denn im Kern kreist sie um die Frage, wie wir Identität begreifen. Wie viel Freiheit haben wir, um zu bestimmen, welche Vorfahren unsere Zugehörigkeit bestimmen? Machen wir ein Gedankenspiel: Wir stellen uns vor, die Ururgroßmutter Wolffs war doch Jüdin. Vermutlich gäbe es keinen Skandal. Wäre das nicht absurd?

Die Geburtsurkunde eines Menschen, der vor etwa 200 Jahren lebte, soll ausreichen, um eine ganze Identität zu konstruieren, gar im Namen der Holocaust-Opfer zu sprechen und sich als Moralapostel aufzuführen, der die »Deutschen« anklagt? Judentum in homöopathischer Dosis: Die fünfzehn anderen deutschen nicht jüdischen Ururgroßelternteile spielen dann keine Rolle mehr. Die ungeschriebene Regel der Identitätspolitik lautet: Um die Mehrheitsgesellschaft zu kritisieren, suche dir erst mal eine Minderheitsposition.

In Kanada ist zum Beispiel eine Native-American-Identität sehr beliebt, wie der Fall der kanadischen Regisseurin Michelle Latimer zeigte. Hierbei kam heraus, dass sie mit einer nur imaginierten Identität als Native American über Jahrzehnte hinweg Regieaufträge und Stipendien eingeheimst hatte, die eigentlich Nachfahren kanadischer Ureinwohner zustanden. In den Vereinigten Staaten sind schwarze Vorfahren begehrt, um das Unrecht Rassismus anzuklagen. Trotz ihrer hellen Hautfarbe dichtete sich die jüdische Professorin Jessica Krug von der George Washington University afroamerikanische und puertoricanische Wurzeln an. Sie nannte sich »Jess La Bombalera« – irgendwann flog alles auf, und sie outete sich 2020. Hierzulande liegt der Schlüssel für die ultimative Opferidentität bei der jüdischen Ururgroßmutter.

An diesem Punkt kommt es zu einem Clash von Prinzipien der Identitätspolitik: Auf der einen Seite wird die Hybridität unserer Identität gefeiert und die Selbstbestimmung als Leitprinzip betont. Nach dem Motto »Sei, wer auch immer du sein willst!«, wie es die einstige Transfrau im Finale der »Miss Germany«-Wahl 2023 erklärte. Auf der anderen Seite spielt ein biologistisches Denken eine zentrale Rolle: Du kannst nicht einfach alles sein, deine Vorfahren bestimmen deine Identität. Würde man wenigstens mit Verweis auf gesellschaftliche Verhältnisse, Ausschlüsse und Diskriminierungserfahrungen argumentieren, würde noch ein Schuh daraus. Aber offenbar legitimiert ein Tröpfchen Blut eines Vorfahren aus egal welchem Jahrhundert, der einer (ehemals) verfolgten Minderheit angehörte, dich zu dieser Gruppe zugehörig zu fühlen – und du kannst für dich beanspruchen, authentisch im Namen der (ehemals) Verfolgten zu sprechen und die Mehrheitsgesellschaft anprangern.

Dabei muss man heute gar nicht mehr die Geburtsurkunde der Ururgroßmutter anfordern, wie Wolff es tat. Viel einfacher ist es, ein Wattestäbchen mit Wangenabstrich per Umschlag ins Labor zur Ahnenforschung zu schicken. Innerhalb von vier Wochen bekommt man mithilfe des DNA-Tests eine prozentuale Aufschlüsselung der eigenen ethnischen Herkunft. Der Trend begann in Amerika und ist inzwischen auch hier angekommen.

Wir schauten unlängst eine Doku, in der eine weiße Frau erfuhr, acht bis neun Prozent afrikanischer Herkunft zu sein. »I was thrilled!«, sagte sie begeistert und erzählte, dass ihr Sohn die Nachricht stolz in den sozialen Medien teilte. Es war befremdlich. Zumal es uns an die pseudowissenschaftlichen Vorstellungen vom Beginn des zwanzigsten Jahrhunderts erinnerte, als Menschen nach »biologisch vererbten Merkmalen« schon einmal in Gruppen eingeteilt wurden. Nun erscheint das Denkmuster im neuen Gewand und versteht sich als »progressiv« oder »links«.

Nicht selten beinhaltet die Argumentation der Verfechter von Identitätspolitik das biologistische Verständnis von Identität und Zugehörigkeit. Der Irrweg wird besonders in der Debatte um kulturelle Aneignung deutlich. Dem Konzept liegt die Vorstellung zugrunde, dass die Berechtigung, bestimmte Symbole, Kleidung und Haarfrisuren zu tragen, von (vererbter) Zugehörigkeit zu einer Gruppe abhängt. In anderen Worten: Nur indische Frauen dürfen einen Bindi tragen, nur Japanerinnen einen Kimono und nur Schwarze Dreadlocks. Die Idee geht noch weiter: Betroffene sind die einzig wirklich legitimen Stimmen, um über das Leid – ob selbst erlebt oder nicht, ist nicht relevant – der jeweiligen betroffenen Gruppe zu sprechen. Also: nur Juden über die Erfahrung des Antisemitismus, nur Asiaten oder Schwarze über Rassismus. Und mehr noch: Sie sind angeblich die einzigen legitimen Stimmen, die daraus politische Forderungen ableiten dürfen. Doch wer definiert Jüdischsein, Asiatischsein oder Schwarzsein?

»How black is black enough?« Das fragte die britische Autorin Zadie Smith, Tochter einer schwarzen Mutter und eines weißen Vaters, die selbst einen Weißen geheiratet hat. Haben ihre Kinder die Legitimation, über schwarzes Leid zu sprechen? »Ihre Großmutter ist so schwarz wie das Ass in der Spielkarte, wie die Briten sagten; ihre Mutter ist das, was die Franzosen Café au Lait nennen. Sie selbst sind so was wie ›yellowy‹ [frei übersetzt: gelblich]. Ab wann genau dürfen sie nicht mehr über schwarzes Leiden sprechen? Sind meine Kinder dafür zu weiß?«, fragt Zadie Smith.

Uns ist es ziemlich egal, welche Konfession Fabian Wolffs Ururgroßmutter hatte. Genauso wenig interessiert uns, wie er sich selbst sieht und fühlt: jüdisch oder nicht jüdisch. Uns beschäftigt vielmehr die Frage, warum über Identität und Zugehörigkeit so viel gestritten wird. Mit Sicherheit wird es weitere Wolffs geben, die es sich im jüdischen Schafspelz bequem machen. Und solche, die sich andere Pelze aneignen. Wäre es aber nicht besser, Argumente für sich sprechen zu lassen?

Vorsicht vor dem Hetero-Cis-Mann

Ist unser Leben eine Satire?

Es gibt Sonntage, an denen wir so tun, als wären wir »richtig deutsch«. Das beginnt um 9.30 Uhr in der Schlange beim Bäcker und endet um 20.15 Uhr auf der Couch bei *Tatort* oder *Polizeiruf*. Beim Bäcker weiß man, was man bekommt. Der Sonntagskrimi ist eher eine Wundertüte: Mal ist man begeistert, mal enttäuscht. Selten fällt unser Urteil unentschieden aus, wie beim Münchner *Polizeiruf. Little Boxes*. Und genau deshalb schreiben wir darüber.

Es ging um den Mord an einem wissenschaftlichen Mitarbeiter am Institut für Postcolonial Studies. Alle Klischees, die man mit dem sogenannten woken Milieu und der Identitätspolitik verbindet, werden vorgeführt. Es gibt die »nicht binäre« Hochschullehrende, die sich »Professx« nennt und einvernehmlichen Sex zwischen Mann und Frau »unter patriarchalen Bedingungen« für unmöglich hält. »Woke« Studierende heben den Mittelfinger, wenn sie Polizisten sehen und schreien »Kackscheiße«. Männer sind das absolute Feindbild, wie eine Studentin meint: Es sei »grundsätzlich immer Vorsicht geboten, wenn ein Hetero-Cis-Mann einen Raum betritt«. Und dann war da noch das männliche Mordopfer, welches sich zuvor zu einer Transfrau of Color erklärt hatte und als Frauenbeauftragte kandidieren wollte.

Eigentlich finden wir genau das spannend beim Sonntagabendkrimi – oft geht es um gesellschaftlich brisante Themen, die heruntergebrochen auf neunzig Minuten für alle zugänglich gemacht werden. Im besten Fall ist das Entertainment mit Mehrwert, eine unbewusste Geschichtsschreibung der Bundesrepublik.

Diese Episode war eine Parodie, um ein bestimmtes Milieu ins Lächerliche zu ziehen, das für Konservative und Rechte ein rotes Tuch ist. Im dargestellten universitären Milieu findet sich keine Identifikationsfigur: Alle sind verbohrt, ideologisiert. Ihnen gegenüber steht das Ermittlertrio, das divers besetzt ist und auch so richtig menschlich wirkt: eine Frau, ein schwuler Schwarzer und ein alter weißer Bayer. Die Kommissarin Blohm geht offen, scheinbar naiv ins feindlich gesinnte Terrain der Woken. Der schwarze Polizist Ikwuakwu, der einem Modemagazin entnommen scheint, ist der schwarze Kronzeuge, der nicht gern Opfer von Rassismus ist. Für ihn ist klar: »Manchmal ist es kein Rassismus. Manchmal ist es bloß Dummheit.« Und der bayerische Polizist Eden gibt den coolen Nachbarn von nebenan: »Im Grunde bin ich Feminist. Weil ich hab ja schon immer selbst geputzt.«

Ist dieser »Polizeiruf« nur plumpes Bashing der queerfeministischen und Antirassismus-Bewegungen oder eine bissige Gesellschaftssatire? Die Kritik könnte kaum unterschiedlicher ausfallen: »Einer der besten Krimis der letzten Jahre« (*Kino.de*); »Ein nahezu brillanter Einstand« (*Stern*); und auf der anderen Seite: »Ein rhetorischer Brei aus immergleichen Schwachsinnstexten, der schlecht verdaut von deklamierenden Figuren wieder ausgekotzt wird.« *(Die Zeit)* Und: »eine entgleiste Campus Satire« *(Der Spiegel)*. Die so gegensätzlich ausfallende Kritik beruht dabei weniger auf filmkritischen Ansprüchen. Vielmehr kommt darin die Polarisierung in Bezug auf Identitätspolitik zum Ausdruck.

Der Bayerische Rundfunk spielt bei der Polarisierung mit. Britischen Humor kann man ihm nicht vorwerfen. Ob die Darstellung gewollt witzig oder unfreiwillig komisch war: Wir mussten bei einigen Szenen herzlich lachen. Denn wir erkannten bei manchen Protagonisten etwas, das auch wir selbst schon erlebt haben. Sei es die Ablehnung der Polizei oder das Feindbild des alten weißen Mannes. Auch die rhetorische Kunst, am Ende immer das ultimative Opfer zu sein – egal wie viele Privilegien man tatsächlich genießt –, begegnete uns schon häufig. Die Zugehörigkeit zu einer marginalisierten Gruppe wird häufig als letztgültiges Argument verwendet, um sich vor Kritik zu schützen. Erst neulich wurde uns vorgeworfen, die Position einer von Rassismus betroffenen Person in einem Artikel kritisiert zu haben. Das allein sei schon rassistisch.

In diesem Zusammenhang erinnerten wir uns an eine Konferenz, die wir vor einigen Jahren gemeinsam organisiert haben. Es ging um: Rassismus und Antisemitismus. Wir freuten uns auf den renommierten Forscher als Keynote Speaker. Der Haken: Er fällt in die Kategorie alter weißer Mann. Das allein war bereits eine Provokation für einige Teilnehmer. Als er auch noch Quellen aus dem neunzehnten Jahrhundert im Original zitierte, um den damaligen Rassismus zu beschreiben, verließen einige wütend den Saal und schrieben im Nachhinein aufgebrachte Mails. Der Vorwurf: Erstens, wir hätten für die Keynote jemanden einladen sollen, der von Rassismus betroffen ist. Denn so werde nur eine rassistische Tradition weitergepflegt. Zweitens, als Weißer dürfe man keine rassistischen Begriffe reproduzieren, auch nicht als Zitat.

Als wir einer befreundeten Professorin ratlos davon erzählten, berichtete sie von ihren Erfahrungen. In ihrer Vorlesung zu Antidiskriminierungsrecht beklagten ihre Studierenden die Verwendung des Begriffs »Rasse«, er würde sie »re-traumatisieren«. Für unsere Freundin, selbst arabischer Herkunft, war dies allerdings unabdingbar, da das analysierte Material – die Gesetze – den Begriff eben verwendet.

Vielleicht ist es so weit gekommen, weil der Trend und die Dynamiken der sozialen Medien die Wissenschaft immer stärker prägen. Dort laufen Diskussionen über Rassismus und Sexismus häufig emotional und wütend. So werden Beiträge mit einer sogenannten Trigger Warnung oder Content Note versehen, um die Leser auf eventuell verletzenden Inhalt aufmerksam zu machen. Während es sicherlich ein richtiges und wichtiges Anliegen ist, die Marginalisierung von gesellschaftlichen Minderheiten zu problematisieren, sind die fast schon fundamentalistischen Züge in einigen Bewegungen erschreckend. Die Welt wird in »Gut« und »Böse« eingeteilt, der weiße Mann kann qua Geburt nicht profeministisch und antirassistisch sein.

Die Perspektive von Betroffenen jeder Form von Marginalisierung wird heiliggesprochen, indem sie zum einzigen Maßstab wird, um sich eine Meinung zu bilden und ein Urteil zu fällen. So traf dieser *Polizeiruf* einen richtigen Punkt, als in einem Dialog konstatiert wurde: Wenn sich jemand betroffen fühle, dürfe die Diskriminierung ja wohl nicht infrage gestellt werden. Wird der Ankläger zum Richter, spielt die Wahrheit wohl keine Rolle mehr.

Aber Moment. Ja, man kann sich schnell hochschaukeln, wenn es ein paar Anekdoten gibt, selbst erlebt oder bei anderen gehört, über die man nur den Kopf schütteln kann. Schnell wird alles Übel unter Postcolonial oder Gender Studies subsumiert und in einen Topf geworfen. So macht es leider der Krimi. Aber haben diese Forschungsrichtungen einen solchen Ruf verdient?

Wie es häufig mit Pauschalvorwürfen so ist, die Realität ist komplizierter. Ja, man wird Personen wie »Professx« finden, die unter dem Label der Wissenschaft Aktivismus betreiben. Und ja, es gibt auch Studierende, die vor lauter Triggerwarnungen kaum noch in der Lage sind, ihren Horizont zu erweitern. Stattdessen verschanzen sie sich immer weiter in ihre Blasen. Aber gibt es das nicht in jeder Denkschule? Aus Marxisten wurden Vulgärmarxisten, die mit der Brechstange jeden Kapitalisten umbringen wollten. Aus Liberalen sind Neoliberale und Libertäre entstanden, denen jede Empathie für die Schwachen in der Gesellschaft abhandengekommen ist. So werden Differenzierungen der intellektuellen Vorreiter der postkolonialen Theorie wie Frantz Fanon oder Stuart Hall missbraucht, um platte Ideologien zu rechtfertigen. Die beiden würden sich sicherlich die Augen reiben, wenn sie wüssten, dass in Deutschland 2023 ein Museum zu bestimmten Öffnungszeiten Weißen empfiehlt, draußen zu bleiben – wie im Fall einer Kolonialismus-Ausstellung im Dortmunder Museum Zeche Zollern.

Sollte man es gelassener sehen? Irgendwie sind wir auch Teil des Problems, wenn wir uns immer nur über die – wahrscheinlich insgesamt seltenen – Auswüchse aufregen, statt mehr über die vielen konstruktiven Initiativen zu sprechen. So wird der gesamte Einsatz für Diversität diskreditiert. Obwohl wir froh sein können, dass die gläserne Decke für Frauen und Minderheiten Risse bekommt – wohl bemerkt, viel zu langsam. Auch dass im deutschen Fernsehen nicht mehr nur die Nutella-Familie als normal gilt, mit weißen Eltern, Tochter und Sohn mit eindeutigen Geschlechtsidentitäten und Hund. Die Sensibilisierung für Diskriminierung ist in unserer Gesellschaft so groß wie wahrscheinlich nie zuvor. Auch gehen diese Entwicklungen auf Kämpfe von Gruppen zurück, die viel Gegenwind erlebten und immer noch erleben.

An jenem Sonntagabend allerdings merkten wir, dass wir nicht nur deshalb »richtig deutsch« waren, weil wir beim Bäcker waren und abends die ARD einschalteten. Deutschsein heißt wahrscheinlich auch, sich ständig über etwas aufzuregen. Und am nächsten Sonntag geht alles geordnet weiter, denn sogar die Aufregung hat hierzulande ihre gute Ordnung.

Der verlorene Kompass

Warum der Israelhass ausgerechnet jene Gruppen verbindet, die sonst wenig gemeinsam haben

Während der Pandemie hatten wir das Gefühl, alles Mögliche schon »per Zoom« gemacht zu haben. Nun haben wir gelernt, wofür das Videoprogramm auch noch gut sein kann: Wir konnten die Beerdigungen von Bekannten verfolgen, die in Israel am 7. Oktober 2023 ermordet wurden. Das Gefühl der Ohnmacht verstärkte sich noch dadurch, die geliebten Menschen nur auf dem Bildschirm zu sehen. Ohne sie in den Arm nehmen zu können.

Menschliche Nähe suchten wir dann, als wir in Frankfurt an der Solidaritätskundgebung für Israel teilnahmen. Unter den etwa eintausend Menschen waren einige Bekannte: Anna, die erst kurz zuvor von ihrer Israel-Palästina-Reise zurückgekehrt ist. Manfred, der mit seiner israelischen Partnerin dabei war. Und Tarik, der mit seinen beiden Söhnen gekommen war. Ob sie einen persönlichen Bezug zu Israel haben oder nicht, sie alle wollten ihr Entsetzen über die schrecklichen Verbrechen der Hamas zum Ausdruck bringen. Auf dem Weg zurück in Richtung

U-Bahn stießen wir auf eine Masse von Leuten, die die Palästina-Flagge schwenkten und »Free Palestine« riefen. Zwar wurden propalästinensische Demonstrationen in der Frankfurter Innenstadt verboten, trotzdem fanden sich Gruppen zusammen. Dort trafen wir auf niemanden, den wir kannten. Viele Frauen trugen ein Kopftuch, viele Demonstranten ein Palästinensertuch. Teilweise wurde in arabischer Sprache skandiert.

Während in den vergangenen Eskalationen zwischen Israel und Hamas wie in den Jahren 2014 oder 2021 die Rhetorik, »beide Seiten« sollten die Gewalt beenden, zum guten Ton gehörte, ist diesmal alles anders. Das Massaker durch die Hamas-Terroristen hat die eingeübte Formel zunächst ausgesetzt. Die Folter und Hinrichtungen von Kindern, Frauen und Männern, die Vergewaltigungen und Verschleppungen lassen kaum jemanden kalt, egal wie man politisch zum Nahostkonflikt steht. Und doch zeigen sich auf Demonstrationen und Kundgebungen, aber insbesondere in den sozialen Medien, häufig gerade Muslime gleichgültig gegenüber dem Massaker der Hamas und erklären dieses zur legitimen Antwort auf die »jahrelange Unterdrückung und ethnische Säuberung«. In einem Video auf Instagram erklärt eine Deutsch-Palästinenserin: »Wir warnen die Juden schon seit siebzig Jahren, dass sie endlich gehen sollen. Dann passiert halt so was!«

Es ist in Deutschland fast schon zum Reflex geworden: Erst mal gibt es antiisraelische Proteste auf der Straße, dann werden die islamischen Verbände aufgefordert, Stellung zu beziehen. So beklagte der Bundeswirtschaftsminister Cem Özdemir, selbst türkisch-muslimischer Herkunft, auf X, vormals Twitter, das »dröhnende Schweigen der muslimischen Verbände zum Terror gegen Israel«. Der Politikwissenschaftler Carlo Masala sprach vom »ohrenbetäubenden Schweigen« – die Verbände sollten sich äußern, damit sich nicht »erneut eine stumpfe antimuslimische Stimmung breitmacht«.

Über die steile These, Muslime seien dafür zuständig, dass sich keine antimuslimische Stimmung im Lande verbreite, wollen wir an dieser Stelle hinwegsehen. Wir beide sind uns nicht einig, ob die Forderung nach einem öffentlichen Statement angebracht ist. Von islamischen Verbänden wird immer wieder gefordert, Religion und Politik zu trennen. Wäre es dann nicht besser, sie würden sich auch raushalten? Allerdings haben sich die Verbände selbst in diesen Schlamassel gebracht: Zu keinem anderen Konflikt auf der Welt haben sie in der Vergangenheit Pressemitteilungen herausgegeben – nur zum Nahostkonflikt. Konsequenterweise müssten sie daher auch bei einem so brutalen Angriff reagieren und Haltung zeigen. Es dauerte lange, bis immerhin der Berliner Rat für Imame eine Erklärung herausgab, in der der Hamas-Terror aus islamisch begründeten Überzeugungen verurteilt wird.

Unter den propalästinensischen Aktivisten sind nicht nur Muslime zu finden. Bei einigen Linken scheint der moralische Kompass völlig verdreht. Wie etwa die österreichische Feministin Nicole Schöndorfer, die zur Ehrung der »300 Märtyrer aus Gaza« – damit meinte sie die Hamas-Terroristen – aufrief. In Berlin missbrauchten Demonstrantinnen den Slogan der iranischen Protestbewegung »Frau, Leben, Freiheit«. Offenbar ohne zu merken, dass der engste Verbündete der Hamas das iranische Ajatollah-Regime ist. Es mag einem bekannt vorkommen, dass Menschen, die sich als progressiv definieren, Massenmord gewissermaßen »für den guten Zweck« rechtfertigen. Von Stalin über Mao bis zu den Roten Khmer in Kambodscha – es gab schon immer Linke, die die schlimmsten Verbrechen gegen die Menschheit als Befreiungskampf der Unterdrückten deuteten. Interessanterweise verbindet Israelhass Gruppen, die sonst wenig gemeinsam haben: Islamisten und queerfeministische Linke, Kommunisten und türkische Nationalisten, Anhänger und Gegner des iranischen Regimes.

Ganz selbstverständlich bezieht – unabhängig von ihrer Herkunft – ein großer Teil der Juden und Muslime deutlich Partei. Mit jedem weiteren Tag im Krieg zwischen Israel und der Hamas kommt es zu einer weiteren Belastungsprobe für die Beziehung zwischen Juden und Muslimen in Deutschland. Und immer wieder wird dabei deutlich, wie fragil diese Beziehungen sind. Der überwiegende Teil der jüdischen Gemeinschaft ist betroffen, wie eine Aktivistin in den sozialen Medien am Tag des Angriffs schrieb: »Heute sind alle Juden Israelis.« Betroffenheit zeigen auch viele Muslime, die in erster Linie mit der Bevölkerung in Gaza sympathisieren. Zunächst einmal ist es normal, dass die regionalen Konflikte auf der Welt auch in einer Migrationsgesellschaft ihren Niederschlag finden. Im digitalen Zeitalter wird fast jeder Konflikt außerdem noch auf unseren Smartphones ausgetragen. Die Auseinandersetzungen zwischen Russen und Ukrainern, zwischen Aseris und Armeniern oder zwischen Türken und Kurden finden auch in der deutschen Gesellschaft statt.

Das Besondere am Nahostkonflikt ist allerdings, dass nicht nur Israelis und Palästinenser und ihre Nachkommen betroffen sind. In den Echokammern der sozialen Medien werden diese Konflikte zusätzlich verstärkt. So sitzen wir beide Abend für Abend nebeneinander mit unseren Smartphones und vergleichen unsere Timelines. Auf dem einen überwiegen aktuell die Fotos von vermissten und entführten Kindern oder Kurzinterviews mit Offizieren der israelischen Verteidigungskräfte IDF. Auf dem anderen sind vermehrt Videos von verletzten Kindern und zerbombten Häusern in Gaza zu sehen. Die eine Timeline spricht vom »schlimmsten Verbrechen gegen Juden seit dem Holocaust«, in der anderen wird vom »zweiten Holocaust« geraunt, der sich nun gegen die Palästinenser richte.

Eigentlich könnte man doch meinen: Was da unten passiert, hat mit dem Alltag von hier lebenden Juden und Muslimen nichts zu tun. Wir können weiterhin gemeinsam Fußball spielen, Kollegen und Nachbarn sein. Warum ausgerechnet dieser Konflikt für einen Juden aus Russland und einen Muslim aus Afghanistan so identitätsstiftend ist, lässt sich nicht rational erklären.

Dass die Beziehung zwischen Juden und Muslimen hierzulande nicht konfliktfrei verläuft, ist ein offenes Geheimnis. Dafür hatte man sich eine Lösung überlegt: den Dialog. In den vergangenen Jahren sind Dialogprojekte wie Pilze aus dem Boden geschossen. Leider ist der Trend in Neukölln noch nicht angekommen. Und die statistischen Tatsachen – gemessen an ihrem Anteil in der Bevölkerung kommen auf einen in Deutschland lebenden Juden 23 Muslime – erschweren die Angelegenheit zusätzlich.

Aber es liegt auch daran, dass man lieber in der Komfortzone bleibt. Statt am Kern des Problems zu arbeiten, also an der reflexhaften Identifikation mit einer Konfliktpartei im Nahen Osten, gehen die bisherigen Bildungsprojekte diesem lieber aus dem Weg. Gemeinsam Falafel zuzubereiten, Tore zu schießen oder mit einem Tandem durch Berlin zu radeln, wie dies einige Projekte zuletzt initiierten – das macht sicherlich Spaß. Wie nachhaltig sich die gemeinsamen Radtouren indes auf Qualität und Tiefe der Beziehungen ausgewirkt haben, wird sich in den kommenden Monaten erweisen.

Wir hoffen, dass der Krieg bald vorbei ist. Für uns jedoch bleibt die Frage, ob und wie die Wunden dieser Tage, Wochen und Monate zwischen Juden und Muslimen zu heilen sind. Weder Kochduelle noch Fahrradtouren können das schaffen. Auch wenn es schwerfällt, müssen wir zu gegebenem Zeitpunkt den Dissens weg von der Straße und in konstruktive Räume bringen. Und in diesen müssen Regeln gelten: Weder das Existenzrecht des Staates Israel noch das Recht der Palästinenser auf einen eigenen Staat sollen infrage gestellt werden. Die Gesamtschuld für den hundertjährigen Konflikt auf die Schultern nur einer Partei zu legen ist falsch. Jegliche NS-Vergleiche verbieten sich genauso wie jede andere Form von Antisemitismus und Muslimfeindlichkeit. Über alles andere kann gestritten werden. Unserer Erfahrung nach sind schon diese Grundvoraussetzungen für viele nicht annehmbar. So fällt es zum Teil sogar in unserem Bekanntenkreis einigen Muslimen schwer, das Wort »Israel« auch nur auszusprechen. Wenn wir erzählen, dass wir Familie in Israel haben, wird häufig übersetzt: »Also in Palästina.«

Dass es ganz anders laufen kann, dass ehrlicher Dialog möglich ist, haben wir vor einigen Jahren in Israel und Palästina erlebt. Im Friedensdorf Givat Haviva lernten wir den Palästinenser Mohammad Darawshe kennen. Er konnte stundenlang seine Vision vom friedlichen Zusammenleben zwischen Palästinensern und Juden vortragen. Nun haben wir erfahren, dass sein Cousin Awad Darawshe von Hamas-Terroristen ermordet wurde. Der 24-jährige Sanitäter starb während seines Einsatzes auf dem Musikfestival.

Alle sind betroffen, alle sind enttäuscht

Über die seltsame Nahostdebatte

Wochenlang wiederholte sich die Szene allabendlich in unserem Wohnzimmer, meist flankiert von dem Ausruf: »Ich kann nicht mehr, es ist nicht zum Aushalten.« Es folgte ein kurzer oder längerer Moment purer Verzweiflung, und dann ging es weiter, Augen zu und durch. Seit dem 7. Oktober und dem Beginn des Gaza-Krieges fühlten wir uns immer wieder überfordert. Nicht nur die Gedanken an Familie und Freunde dort beschäftigen uns bis heute, auch die Debatte hierzulande ist kaum auszuhalten. Man kann sich der impliziten Erwartung, eine Seite einzunehmen und sich zu äußern, kaum entziehen. Es gibt einen Wettkampf um immer drastischere Begriffe – Genozid, importierter Antisemitismus oder Aggro-Araber.

Es ging nicht nur uns so. Mit wem wir auch sprachen: Viele zeigten sich enttäuscht, wie wir als Gesellschaft hier mit dem Konflikt dort umgehen. Die einen beklagen Antisemitismus und fehlende Empathie mit Juden, die anderen vermissen das Mitgefühl mit den Palästinensern und verurteilen eine antimuslimische Stimmung. Und alle haben auf ihre Weise recht und unrecht zugleich.

Tatsächlich fällt es schwer, alle Diskursstränge im Blick zu behalten. Während in der Politik und in Talkshows über Migrationsstopp und Abschiebungen von tatsächlichen oder vermeintlichen Antisemiten gesprochen wird, werden unsere Timelines in den sozialen Medien mit Bildern von getöteten Kindern aus Gaza überflutet. Es finde aktuell ein Holocaust gegen die Palästinenser statt, Gaza sei das neue Warschauer Getto. Nicht nur hierzulande kursiert der irrwitzige Topos, dass die Israelis den Palästinensern das Gleiche antäten wie die Nazis damals den Juden.

Für uns unerwartet lasen wir die Nachricht, dass der Terrorist Osama Bin Laden postum zum Trend avancierte, vorwiegend innerhalb der amerikanischen Generation Z, also bei den um die Jahrtausendwende Geborenen. Auf Tiktok wurden Kurzvideos millionenfach geteilt, in denen Jugendliche unter Tränen erzählen, wie ihnen die Augen geöffnet worden seien, als sie *A Letter to America* gelesen hätten. Dass der 2011 ermordete Terroristenanführer mit seinem angeblich zwanzig Jahre alten antisemitischen, verschwörungstheoretischen »Brief« über Nacht zum digitalen Star wurde, ist nur eine von vielen Merkwürdigkeiten dieser Tage gewesen. Von Teheran bis zu den Ivy-League-Universitäten in Amerika flammte aufs Neue das antiwestliche Feindbild auf.

Wie im dystopischen Roman *1984* von George Orwell erlebten wir, wie sich »Unwissenheit ist Stärke« zu einer Art Leitidee entwickelt. Der Unterschied zu Orwells Vorlage besteht darin, dass das Bewusstsein der Menschen nicht von einem totalitären Staat kontrolliert wird, sondern nun Chaos für Verblendung und Orientierungslosigkeit sorgt. Nicht die Vernunft oder das Argument zählen, sondern Emotionalität und Betroffenheit. Und wir haben den Eindruck, dass alle Beteiligten in der Diskussion das für sich selbst beanspruchen. Einige Wochen nach dem Ausbruch des Krieges in Israel und Gaza waren wir auf einer Konferenz. Auf dem Podium saß ein muslimischer (nicht palästinensischer) Redner, der emotional für die Sache der Palästinenser stritt. Immer als er Palästinenser erwähnte, sprach er von »Wir«. Aus dem Publikum sagte jemand: »Darf ich Sie fragen, inwiefern Sie persönlich betroffen sind von der Situation in Gaza? Haben Sie Familie dort?« Der Redner entgegnete, er habe keine Familie oder Bekannte dort, sei aber betroffen, weil ihn Leute hier wiederholt über die Situation in Nahost befragen würden. Was soll das heißen? Dass allein die Tatsache, dass man zu etwas befragt wird, bereits zu Betroffenheit führt?

Dass so viele Muslime, egal ob Palästinenser oder nicht, sich betroffen fühlen, wenn es um die Situation in Gaza geht, ist für uns nicht ganz nachvollziehbar. Einerseits verstehen wir, dass sie sich ihren Glaubensgeschwistern näher fühlen, ähnlich wie in den Neunzigerjahren die Katholiken, die sich mehrheitlich für die Loslösung Nordirlands vom Vereinigten Königreich aussprachen. Andererseits wird zu wenig hinterfragt, warum diese Fürsprache bei Muslimen weltweit nicht annähernd diese Dimension erreicht, wenn es etwa um die Rohingya-Muslime in Myanmar oder muslimische Uiguren in China geht. Bei Juden ist die Bedeutung von Israel wiederum nicht nur symbolischer Natur. Israel ist der einzige Staat auf der Welt, in dem Juden die Mehrheit bilden und der für alle in der Diaspora Lebenden einen sicheren Hafen darstellt.

Dabei wird schon immer auch innerhalb der jüdischen Community über den Nahostkonflikt gestritten. Die Bandbreite bildet sich in deutschen Medien ab: von Konservativen wie dem Historiker Michael Wolffsohn bis zu israelkritischen Positionen der Bestsellerautorin Deborah Feldman. Die Aussteigerin der ultraorthodoxen Satmarer-Sekte reiste nach dem 7. Oktober von einer Talkshow zum nächsten Interview und monierte dabei, Deutschland sei kein guter Ort für Juden wie sie, die Israel kritisierten. Selbst diejenigen also, die im Fernsehen vor Millionen sprechen und in den sozialen Medien gefeiert werden, beklagen Marginalisierung – und sehen den Widerspruch nicht.

Feldman erfüllt eine Rolle, die es in Deutschland schon lange gibt. Juden, die aussprechen, was angeblich alle insgeheim denken: dass Israel das Problem sei. Als die Autorin in der Talkshow von Markus Lanz dem deutschen Vizekanzler Robert Habeck eine zehnminütige Standpauke anlässlich seiner Nahostrede hielt, wurde ein Satz danach mit Begeisterung vielfach in den sozialen Netzwerken geteilt: »Wer den Holocaust instrumentalisieren will, um weitere Gewalt zu rechtfertigen, hat seine eigene Menschlichkeit verwirkt.«

Was meinte die Autorin damit? Deborah Feldman kritisierte Habeck dafür, dass er in seiner Rede die militärische Antwort Israels auf das Massaker der Hamas rechtfertigt. Der Minister begründete das auch vor dem

Hintergrund der deutschen Verantwortung für den Holocaust. Unter dem Wort Gewalt lässt sich wohl alles subsumieren: von Operationen gegen ranghohe Hamas-Terroristen bis hin zu einem Angriff auf ein Krankenhaus in Gaza. Dass eine so pauschale Aussage wie die von Feldman auf Applaus stößt, sagt aber auch viel über die Rezipienten: Zeigt sich darin die deutsche Sehnsucht nach einem Befreiungsschlag? Nach dem Motto: Gerade, weil wir Deutsche den Holocaust so vorbildlich aufgearbeitet haben, müssen wir Israel moralisch eines Besseren belehren. Und hier formuliert dies eine Jüdin. Was in dem Ruf »free Gaza from German guilt« zum Ausdruck kommt, bekommt durch Feldman den Koscher-Stempel.

Tatsächlich kann man Deborah Feldman keinen großen Vorwurf machen, denn in der deutschen Öffentlichkeit Position zu Israel und Palästina zu beziehen ist eine heikle Angelegenheit. Das kennen auch wir nur zu gut. Wenn man Kritik an der einen oder der anderen Seite äußert, wird man schnell von den Falschen bejubelt. Auch wir haben die Zauberformel noch nicht gefunden, die davor schützt, dass die eigenen Äußerungen aus dem Kontext gerissen werden.

Nach einer Abendveranstaltung zur Situation in Israel und Gaza sprach uns ein Gast aus dem Publikum an. Er beklagte, dass wir detailliert die Gewalttaten der Hamas beschrieben haben. »Das will ich nicht hören. Warum müssen wir hier das Leid der ganzen Welt ertragen?« Wenn man so will, könnte man den aktuellen Diskurs über Israel und Gaza als Einladung verstehen: Juden, Muslime und alle anderen Deutschen könnten sich auf irgendeine Weise betroffen fühlen. Das klingt wie das identitätspolitische Paradies. Bei so viel Betroffenheit wird allerdings gerne vergessen, dass es gar nicht um uns geht, sondern um die Menschen in Israel und Gaza, die seit dem 7. Oktober um ihre Existenz bangen.

Palmen mit Weihnachtsschmuck

Was Juden und Muslime im Dezember machen

Dieses Jahr haben wir die ruhigen Tage über Weihnachten ganz besonders herbeigesehnt. Diesen Stillstand, in den alle zwangsweise versetzt werden. Nur noch die Kolumne zu Ende schreiben, ein paar letzte E-Mails verschicken, aufräumen, das Kind zu den Großeltern bringen, uns noch einmal daran erinnern, dass wir uns nächstes Jahr nicht wieder so viel vornehmen – so weit der Plan. Zugegeben, die Wochen im Dezember sind besonders anstrengend. Was für ein Glück, dass Jesus Christus vor 2024 Jahren geboren wurde, um uns zwei Wochen Ruhe im Alltagsstress zu erlauben.

Viele fragen uns jedes Jahr: Was macht ihr beide an Heiligabend? Gemeint ist nicht der heilige Abend des Opferfests oder Jom Kippur, sondern der 24. Dezember. Wir stellen uns vor, wie ein jüdisch-muslimisches Klischee-Weihnachten aussehen könnte: Wir sitzen vor einer dekorierten Palme, statt Plätzchen backen wir Baklava und Challa, und zur Bescherung kommt der Weihnachtsmann mit Kippa auf einem Kamel geritten. Unsere Realität ist leider viel weniger aufregend. Nach einem stinknormalen Abendbrot folgt ein Spaziergang in der Nachbarschaft. Lediglich die leeren Straßen und beleuchteten Fenster erinnern uns daran, dass es der 24. Dezember ist.

Nicht, dass wir die weihnachtliche Vorfreude boykottieren, im Gegenteil. Wir waren leidenschaftlich involviert: Wir haben geröstete Mandeln und ein Lebkuchenherz auf dem Weihnachtsmarkt gekauft. Wir sind mit Kollegen zum Weihnachtsessen gegangen. Wir haben in der Kita vom Laternenfest über Nikolaus bis zur Weihnachtsfeier alles mitgemacht. Den Ohrwurm *In der Weihnachtsbäckerei* sind wir noch immer nicht losgeworden.

Noch ist unser Sohn zu klein, um die Diskussion »Warum haben wir keinen Weihnachtsbaum zu Hause?« zu führen, von der unsere nicht christlichen Freunde leicht entnervt berichten. Einige blieben standhaft, ließen sich zu keinerlei weihnachtlichem Flair in den eigenen vier Wänden überreden. Andere machten Kompromisse: Der eine versuchte mit einem Milka-XXL-Adventskalender den Kinderwunsch zu befriedigen. Der andere entschied sich für die Umwidmung der Bonsaipflanze im Wohnzimmer. Auf unsere fragenden Blicke folgte die Erklärung, dass der dekorierte Bonsai auch aus ökologischer Sicht die vernünftigere Alternative sei. Und ja, tatsächlich gibt es auch jüdische und muslimische Freunde, die Tannenbäume im Wohnzimmer aufstellen und Vanillekipferl mit den Kindern backen.

Egal, wofür man sich entscheidet, das Dilemma jeder Minderheit bleibt: Man will sich nicht von der Mehrheitskultur abschotten und zugleich die eigene Kultur und Religion an die Kinder weitergeben. In Pakistan eine muslimische Identität und in Israel eine jüdische Identität zu entwickeln wird nicht nur im Elternhaus gepflegt. In Kitas, Medien und vielen öffentlichen Räumen prägt die Staatsreligion das kollektive Bewusstsein. Auch wenn Deutschland sich nicht von Staats wegen als christliches Land versteht, beeinflusst die Religion auch hier die öffentliche Sphäre, wenn über Ostern und Weihnachten Ferien sind, im Kreißsaal oder in bayerischen Behörden das Kruzifix hängt und sonntags das Fernsehen dreißigsekündige Bibel-Clips zeigt.

Während wir privat mit der Frage hadern, wie viel christliche Religion unsere muslimisch-jüdische Familie ertragen kann, wird die Frage von der anderen Seite diskutiert. Konservative Politiker von Söder bis Merz haben den Weihnachtsbaum als Symbol für den Kulturkampf entdeckt. Eine Hamburger Kita wollte zwar Adventskalender und andere weihnachtliche Bräuche pflegen, hatte sich aber dieses Jahr gegen den Baum entschieden und das mit der Religionsfreiheit begründet. Grund genug für Markus Söder, Alarm zu schlagen. Auf der Plattform X schrieb er: »Das ist absurd. Haben wir denn keine anderen Probleme? Zu Weihnachten gehört ein Weihnachtsbaum.« Seither erhält die Kita Drohungen und rassistische Mails. Friedrich Merz legte nach und holte das Unwort des Jahres 2000 aus der Mottenkiste: »Wenn wir von Leitkultur sprechen, von unserer Art zu leben, dann gehört für mich dazu, vor Weihnachten einen Weihnachtsbaum zu kaufen.«

Warum so viel Aufregung wegen einer Kita? Ist Weihnachten in Deutschland in Gefahr? Ist ein Kulturkampf ausgebrochen? Allein die Tatsache, dass man nicht über die mehr als 60.000 Kindergärten spricht, in denen selbstverständlich Tannenbäume stehen – wie auch in der Kita unseres Sohnes –, sondern über eine einzelne Einrichtung in Hamburg, legt den Verdacht nah, dass ein Skandal angezettelt werden soll. Dabei können wir Entwarnung geben: Mehr als achtzig Prozent aller Deutschen schmücken zu Weihnachten ihr Zuhause mit einem Christbaum. Wer daraus jedoch folgert, dass das Christentum tief in der Bevölkerung verankert ist, der irrt. Dem Religionsmonitor der Bertelsmann-Stiftung zufolge verstehen sich nur zwanzig Prozent der hiesigen Christen als religiös. Und nur zwölf Prozent gehen regelmäßig in die Kirche. Die Kirchenaustritte hingegen verzeichnen seit Jahren Rekordzahlen.

Die Kirchen beklagen seit jeher, dass zwischen Konsum, Kommerz und folkloristischen Ritualen die Bedeutung des Weihnachtsfests untergehe. Und der Christbaum selbst ist gar nicht richtig christlich, sondern entstammt einer heidnischen Tradition. Die immergrüne Pflanze stand symbolisch für Leben und Fruchtbarkeit, und zur Wintersonnenwende wurden die Häuser mit Tannenzweigen geschmückt.

Ist Weihnachten also gar kein religiöses Fest mehr? Die Psychologin Birgit Rommelspacher spricht in diesem Zusammenhang von »kulturellem Christentum«. Dies lasse sich beispielsweise im überwiegend atheistischen Ostdeutschland beobachten, in dem sich die Mehrheit für eine stärkere Fundierung der Gesellschaft im Christentum ausspreche. Kulturelles Christentum bedeutet, dass Inhalte und Kulturformen übernommen werden, die aus dem ursprünglich religiösen Kontext herausgelöst und mit anderen, heidnischen oder folkloristischen Traditionen kombiniert werden. Diese ideale Mischung im Sinne der kapitalistischen Marktlogik, die vom Eiersuchen an Ostern bis zum Stiefelputzen am Nikolaustag reicht, ist nicht mehr an religiöse Verpflichtungen gebunden und auch kein Ausdruck religiöser Überzeugungen. Religion wird stattdessen zur Kultur, also zur kollektiv geteilten Lebenseinstellung.

Wie lässt sich diese Gleichzeitigkeit erklären? Einerseits verliert das Christentum als individueller Glaube an Bedeutung, während an der kulturellen Orientierung am Christentum andererseits verstärkt festgehalten wird. Rommelspacher verweist in diesem Zusammenhang gern auf die Migration. Die Gesellschaft wird ja immer vielfältiger in Bezug auf Religionen und Kulturen, was von Teilen der Gesellschaft als Gefahr gesehen wird, Stichwort Überfremdung. Seit der Islam und muslimisches Leben sichtbarer wurden, nehmen Konservative und Rechte immer stärker Bezug auf vermeintliche oder tatsächliche christliche Werte. Es geht weniger um die Religion, sondern um die Markierung, wer in der Gesellschaft dazugehört.

In der deutschen Öffentlichkeit scheinen Kita-Anekdoten über die vermeintliche Gefahr durch Überfremdung und linke Ideologie besonders beliebt zu sein. Glaubt wirklich jemand, dass ein fehlender Weihnachtsbaum in der Hamburger Kita den Untergang des Abendlands herbeiführen wird? Wir erinnern uns: Schon 2019 hat die Entscheidung einer Kita in Leipzig eine Empörungswelle ausgelöst, als sie Schweinefleisch vom Speiseplan strich. »Leipziger Kita zwingt Kindern halal auf!«, twitterte die AfD. Ein Jahr später gab es einen Aufschrei um ein vermeintliches Kostümverbot eines Erfurter Kindergartens aus kultursensiblen Gründen. Ein Vater kommentierte: »Die haben sie doch nicht mehr alle. Vielleicht müssen unsere Kinder bald noch Ramadan machen.«

Die Aufregung kann man sich sparen. In der Kita unseres Sohnes wurde dieses Jahr – neben Weihnachten – auch Ramadan und Chanukka gefeiert. Und noch gibt es keine Anzeichen einer Radikalisierung bei den Drei- bis Sechsjährigen. Und die Kita ist zum Glück auch noch nicht auf der Beobachtungsliste des Verfassungsschutzes aufgetaucht. Doch Spaß beiseite. Ohne in Multikulti-Kitsch zu verfallen, ist es eine schöne und wertvolle Erfahrung, wenn bereits kleine Kinder in ihrem Alltag Einblicke in unterschiedliche Religionen und Lebenswelten erhalten. Und dass sie schon früh zwischen Eigenem und Fremdem unterscheiden können, weiß man aus der Entwicklungspsychologie. Die Kita ist der beste Ort, um auf eine diverse Gesellschaft vorbereitet zu werden. Bislang wird dieses hehre Ziel von Merz und Söder so hartnäckig ignoriert wie von unserem Sohn. Seine Wahrnehmung von Vielfalt drückt sich ausschließlich im Spannungsfeld zwischen Autos, Zügen und Flugzeugen aus. Es kann Chanukka, Ramadan oder Weihnachten sein – Hauptsache, der Fuhrpark unseres Sohnes wird größer.

Das Ende der Erinnerung?

Wie aus Tätern Opfer werden

Am 27. Januar wird der Internationale Tag des Gedenkens an die Opfer des Holocausts begangen. Solche Tage sprechen selten die große Masse an. Es geht um etwas Offizielleres, um das Bekenntnis des Staates zu »Nie wieder Auschwitz«. Eigentlich ein klarer Gedanke, doch inzwischen ist selbst das keine Selbstverständlichkeit mehr, wenn etwa Rechtsextreme die Gedenkrede an die NS-Opfer von damals halten wollen. Dies geschah vor Kurzem im sächsischen Freital.

In der Neonazihochburg hätte am 27. Januar 2024 fast ein AfD-Landtagsabgeordneter die Gedenkrede gehalten. Vom sächsischen Verfassungsschutz wird der AfD-Landesverband als »gesichert rechtsextrem« eingestuft. Im Vorfeld gab es viel Kritik, bis kurzfristig die Gedenkveranstaltung abgesagt wurde – nicht wegen Pietätlosigkeit, sondern aufgrund von »Sicherheitsbedenken«. In 2023 verhielt sich die AfD zurückhaltend. Die Mehrheit der Bundestagsabgeordneten hatte anderes zu tun, als an der Gedenkstunde im Bundestag teilzunehmen. Nur 27 von 78 AfD-Abgeordneten waren anwesend.

Die Partei erklärte die Abwesenheit mit »hohem Krankenstand«.

Jedes Jahr wird ein Zeitzeuge eingeladen, um zu sprechen. Dieses Jahr freuten wir uns besonders, denn es sprach unsere Frankfurter Freundin Eva Szepesi. Sie wuchs in Budapest auf und floh mit elf Jahren in die Slowakei. Sie versteckte sich und wurde doch von den Nazis entdeckt, überlebte Auschwitz und wurde als Dreizehnjährige befreit. Eva gehört zu den wenigen noch lebenden Zeitzeugen. Dass nur noch wenige unter uns sind, ist in erster Linie ein persönlicher Verlust für die Hinterbliebenen. Doch in der Öffentlichkeit wird dies als Herausforderung für die Zukunft der Erinnerung diskutiert: Die Zeitzeugen sterben aus.

Seit zwei Jahrzehnten wird das beklagt. Damit einher geht die Angst, dass mit den Zeitzeugen die Erinnerung verschwindet. Doch ist die Erinnerungskultur tatsächlich nur von Menschen abhängig, die von Verfolgungserfahrung berichten können? Nicht unbedingt. Lange wurde den Überlebenden wenig Gehör geschenkt. Zwar entstanden noch vor Ende des Zweiten Weltkriegs die ersten Zeugnisse von Überlebenden der Gettos, der Konzentrations- und Vernichtungslager. Wie etwa der Gruppe Holocaust-Überlebender, die 1944 in Lublin die Zentrale Jüdische Historische Kommission gründete. International wurden die vielen Hundert Interviews mit Überlebenden allerdings erst von den Neunzigerjahren an rezipiert.

In den seltenen Fällen, in denen es um ihre Geschichten ging, wurden diese den Narrativen der Siegermächte einverleibt. So beispielsweise in den Vereinigten Staaten, die die Holocaust-Erinnerung gern mit dem Bild der Amerikaner als Befreier Europas zusammenbrachten. Vor einigen Jahren stießen wir auf die US-Fernsehsendung »This is Your Life« von 1953, in der es um die KZ-Überlebende Hanna Bloch Kohner ging. In der Sendung werden nichts ahnende Publikumsgäste auf die Bühne gebeten und mit Personen aus ihrer Lebensgeschichte konfrontiert. Die »Highlights« in Bloch Kohners Leben werden vom Moderator nacherzählt. Dazu gehören an erster Stelle ihre Zeit in Auschwitz und ihre spätere Befreiung durch die Amerikaner in Mauthausen. Einer dieser Soldaten tritt in der Sendung auf, sie selbst kommt nicht zu Wort. Wie in amerikanischen Unterhaltungsprogrammen der Fünfzigerjahre üblich, werden die dramatischen Erzählungen von enthusiastischer Musik begleitet. So werden Aufnahmen von marschierenden NS-Soldaten mit der NSDAP-Hymne untermalt, die Befreiung des Lagers mit Beethoven. Zum Happy End erscheint ihr in Israel lebender Bruder, den sie seit der Befreiung nicht gesehen hat. Diese Leichtigkeit des Umgangs mit einer Zeitzeugin, wenige Jahre nach der Befreiung, wirkt auf uns befremdlich.

Wenn man jedoch bedenkt, dass zu dieser Zeit in Deutschland Holocaustüberlebende nicht einmal im Ansatz Gehör fanden, ist man weniger kritisch. Hierzulande dauerte es bis in die Achtzigerjahre, bis sie von der Öffentlichkeit überhaupt wahrgenommen wurden. Spricht man heute mit Überlebenden, berichten viele über das jahrzehntelange Desinteresse an ihrem Schicksal. Viele haben erst im hohen Alter ihre Erinnerungen und Zeugnisse veröffentlicht. Erst in den Neunzigern etablierten sich Gespräche mit Überlebenden an Schulen und anderen Institutionen.

Mit dem Begriff der Zeitzeugen werden dabei nur die Holocaust-Überlebenden gemeint. Dabei gab es Millionen von Zeitzeugen: Da waren die NSDAP-Mitglieder, die Wehrmachts- und SS-Soldaten. Sie haben, wenn überhaupt, im Privaten erzählt. Öffentlich wurde von Mitte der Achtziger an die Identifikation mit den Opfern immer wichtiger, um die »Wiedergutwerdung« (Eike Geisel) der Deutschen zu bestätigen. Der damalige Bundespräsident Richard von Weizsäcker versprach, dass »das Geheimnis der Erlösung« Erinnerung hieße. Die Studie »Opa war kein Nazi« von 2002 kam zu dem Schluss, dass inzwischen der Glaube vorherrsche, dass die familiären Vorfahren Helfer und Widerstandskämpfer waren.

Aus Gesprächen mit der Enkelgeneration stellten die Autoren fest, dass aus Täterbiografien im Familiengedächtnis Opfergeschichten wurden. Es ist die Rede von einer »kumulativen Heroisierung«: Je größer der zeitliche Abstand zum Holocaust wird, desto eher ist die Tendenz zur Heroisierung der älteren Generation zu beobachten. Das geht so weit, dass in einer Studie von 2023 weniger als zehn Prozent angaben, dass ihre Familienangehörigen zur Täterseite gehörten. Das deckt sich mit dem, was unsere deutschen Bekannten und Freunde erzählen: Die wenigsten schreiben ihren (Ur-)Großeltern eine Täterschaft zu.

In unseren Familiengeschichten prägen Zeitzeugen das Familiengedächtnis für je unterschiedliche Ereignisse. Auf der einen Seite dominiert die Geschichte der Gewalt im Zuge der Teilung Britisch-Indiens, die zur Staatsgründung Pakistans 1947 führte. Viel stärker präsent sind allerdings die Erzählungen der Diskriminierung und Verfolgung als Teil einer politisch verfolgten muslimischen Minderheit in Pakistan, die ihren Höhepunkt in den Siebzigerjahren fand und die Flucht nach Deutschland erzwang. Auf der anderen Seite sind es die Erzählungen von Verfolgung und Flucht während der NS-Zeit, aber auch von den Kämpfen um die Gründung Israels. Auch in Israel gab es für die Erzählungen der Holocaustüberlebenden zunächst kaum Interesse.

Der Eichmann-Prozess in Jerusalem 1961 markiert eine Zäsur. Die Historikerin Anita Shapira schreibt darüber: »Man wusste es und wusste es zugleich nicht. Man spürte den Schmerz und spürte ihn zugleich nicht. Erst mit dem Eichmann-Prozess wurde die Schoa von einer privaten Sache der Überlebenden zu einer staatlichen Angelegenheit.« Zur Vorstellung der Staatsgründer Israels hatten die Holocaust-Überlebenden nicht gepasst. Das zionistische Projekt sollte einen »neuen Juden« gestalten: stark, selbstbewusst und naturverbunden.

Den Überlebenden wurde vorgeworfen, widerstandslos wie ein »Lamm zur Schlachtbank« gelaufen zu sein. Israels erster Ministerpräsident und Staatsgründer David Ben-Gurion schrieb: »Wir haben menschlichen Staub, den wir aus der ganzen Welt sammelten, in eine unabhängige, souveräne Nation verwandelt.« Der Eichmann-Prozess veränderte diesen Blick auf die Überlebenden. Jetzt wurde ihnen zugehört, und durch die Ausstrahlung der Verhandlung im Fernsehen erreichten ihre Geschichten die gesamte Gesellschaft. Damit war das Tabu gebrochen, nicht über die eigenen Schoa-Erfahrungen zu sprechen.

Was also zunächst lange auf sich warten ließ, kommt bald zu einem Ende. Ist die Erinnerungskultur damit nun tatsächlich bedroht? Anders als viele meinen, ist die Erinnerungskultur keine deutsche Erfindung. Auch in anderen Gesellschaften wird an vergangene Verbrechen und Opfer erinnert. Auch an solche, die viele Generationen zurückliegen wie beispielsweise in Kanada. Die Aufarbeitung der Verbrechen gegen die indigenen Völker, die Hunderte Jahre zurückliegen, wird seit zwei Jahrzehnten verstärkt vorangetrieben. Es gibt inzwischen Gedenktage und an Schulen Schweigeminuten.

Es funktioniert auch ohne Zeitzeugen. Hierzulande wird hingegen versucht, die Zeitzeugen irgendwie doch »am Leben zu erhalten«, auch wenn sie sterben. Mithilfe von Hologrammen und Künstlicher Intelligenz will man ersetzen, was niemals ersetzt werden kann: das authentische Erzählen. Dieses wird in den nächsten Jahren endgültig verloren gehen. Ob die Erinnerungskultur verschwinden wird? Das hängt von anderen Faktoren ab, etwa wenn nicht nur in Freital, sondern auch in anderen deutschen Städten AfDler die Gedenkrede am 27. Januar halten sollten.

Das Trauerspiel der Boykottkultur

Wie wir Kontroversen öffentlich und konstruktiv führen können

Hierzulande ist Pakistan nicht unbedingt für seine Kultur und Literatur bekannt. Viele pakistanische Autoren wie Mohammad Hanif und Kamila Shamsie leben heute im Westen, weil sie dort mehr Freiheiten genießen. Offiziell ist die islamische Republik eine Demokratie, doch eindeutig eine der defekten Sorte: Islamisten nehmen verstärkt Einfluss auf Politik und Gesellschaft, das Militär übt seine Macht verdeckt aus, und das Land ist durch staatlich verankerte Diskriminierung von Minderheiten sowie durch Korruption geprägt.

Insofern ist das seit fünfzehn Jahren stattfindende Literaturfestival in Karatschi ein Lichtblick: ein Ort, an dem ein freier Diskurs Raum haben darf. Auch Deutschland ist dabei: Dieses Jahr lud das dortige Goethe-Institut die Autorin und *F.A.S.*-Kolumnistin Ronya Othmann sowie Hasnain Kazim nach Karatschi ein. Doch eine Gruppe namens The Feminist Collective forderte in einem offenen Brief Othmanns Ausladung. Die Autorin wird darin als »Zionistin« und »islamophob« beschimpft. Wer die Berichterstattung in Pakistan seit dem Massaker der Hamas in Israel verfolgt, wundert sich darüber nicht.

Schon am Abend des 7. Oktobers, als wir beide noch auf Nachrichten von Freunden aus den überfallenen Kibbuzim warteten, sahen wir im pakistanischen Fernsehen, wie auf Straßen und in Talkshows gefeiert wurde. Die Ablehnung des Existenzrechts Israels und antisemitische Verschwörungsnarrative bis hin zur Erzählung, der Holocaust sei eine Erfindung, sind in der pakistanischen Gesellschaft und Politik tief verankert – wie in den meisten islamisch geprägten Gesellschaften. In unserem Umfeld äußert sich das ungefähr so: Wenn wir Israel sagen, werden wir gerne »korrigiert«, dass es doch richtigerweise Palästina heiße.

Der Druck auf die Festivalleitung in Karatschi zeigte Wirkung: Othmann wurde ausgeladen und musste aufgrund von Bedrohungen das Hotel wechseln und kehrte nach Deutschland zurück. Hasnain Kazim sagte aus Solidarität mit ihr und Kritik an den Veranstaltern seine Teilnahme ab. Auch er wurde deshalb bedroht. Der Fall bewegt uns nicht nur aufgrund unserer familiären Bezüge sowohl zu Pakistan als auch zu Israel. Wir kennen und schätzen beide Autoren. Auf dem Literaturfestival von Karatschi zeigte sich ein Vorgehen, das uns auch an Ereignisse hierzulande seit dem 7. Oktober erinnert. Menschen, die sich öffentlich zum Nahostkonflikt positionieren, werden vom »anderen Lager« ausgeladen, ausgebuht oder bedroht.

Erst vor Kurzem erzählte uns eine Freundin, die Autorin Sarah Levy, dass die Vorstellung ihres Buchs, in dem sie über Israel schreibt, in Frankfurt abgesagt wurde. Der Veranstalter hielt es »nicht für klug«, eine Lesung abzuhalten: »Die Gegner Israels und die Kritiker der gegenwärtigen Politik und Kriegsführung fragen im Moment nicht danach, ob ein Buch kritisch ist oder nicht.« Eine Woche zuvor wurde die Hannah-Arendt-Lesung der Direktorin des Jüdischen Museums Frankfurt, Mirjam Wenzel, im Museum Hamburger Bahnhof von propalästinensischen Aktivisten gestört. Wenzel wurde als »Rassistin« beschimpft, mit den Worten »You are committing genocide – shame on you« beleidigt und bedrängt. Die Künstlerin und Organisatorin der Lesung, Tania Bruguera, wurde angeschrien: »Warum gibst du Zionisten eine Plattform?« Die Lesung wurde abgebrochen.

Die Liste aggressiver Aktionen von Pro-Palästina-Aktivisten ließe sich fortsetzen. Die Berliner Universitäten sind zu ihren Hochburgen geworden, sei es bei einer Hörsaalbesetzung an der FU, bei der jüdische Studierende ausgeschlossen wurden, oder bei einer Störung einer Podiumsveranstaltung an der HU, bei der die israelische Professorin und Richterin Daphne Barak Erez auftrat. Auch an der TU in München störten Aktivisten den Vortrag einer jüdisch-amerikanischen Managerin mit israelischen Wurzeln.

In ihrem Vortrag ging es nicht um den Nahostkonflikt, sondern um Frauen in Führungspositionen in internationalen Großkonzernen. Und dann ist da noch die internationale Kampagne »Strike Germany«, die zum Boykott deutscher Kunst- und Kulturinstitutionen aufruft. Aus Solidarität mit Palästina solle hier »Arbeit und Präsenz«

verweigert werden. Intellektuelle Stars wie die Literaturnobelpreisträgerin Annie Ernaux und die Philosophin Judith Butler unterschrieben die Kampagne. Butler zog ihre Unterschrift wieder zurück.

Auf der anderen Seite häufen sich Fälle, in denen Palästinensern oder ihren Fürsprechern die Bühne entzogen wird. So bei der Verschiebung der Preisverleihung an die palästinensische Autorin Adania Shibli auf der Frankfurter Buchmesse oder der Absage einer Ausstellung über Prostitution in Südafrika der jüdisch-südafrikanischen Künstlerin Candice Breitz in der Modernen Galerie Saarbrücken – »in Anbetracht der medialen Berichterstattung über die Künstlerin«. Breitz hatte Ende Oktober in den sozialen Medien geschrieben, dass es möglich sein sollte, das »schreckliche Gemetzel« durch die Hamas zu verdammen und dennoch das Ringen der Palästinenser »um Grundrechte und menschliche Würde« zu unterstützen. Was genau an diesen Äußerungen problematisch sein soll, wurde an keiner Stelle erklärt.

Nicht viel später wurde ein Ausstellungsprojekt über Afrofuturismus des haitianischen Kurators Anaïs Duplan am Essener Museum Folkwang gestrichen. Dieses Mal ging es um seine Unterstützung der antiisraelischen BDS-Kampagne sowie propalästinensische Beiträge auf Instagram. Die Liste setzt sich kontinuierlich fort – wir erinnern uns an den Eklat anlässlich der Verleihung des Hannah-Arendt-Preises an die jüdisch-amerikanische Journalistin Masha Gessen, weil sie in einem Essay für den *New Yorker* den Gazastreifen mit jüdischen Gettos in der NS-Zeit verglich. Der Preis wurde zwar verliehen, jedoch zogen sich Mitveranstalter wie die Heinrich-Böll-Stiftung und der Bremer Senat zurück.

Alle diese Fälle bedienen sich der Boykott-Logik. Man will verhindern, dass die gegensätzliche Position in der Öffentlichkeit vorkommt. Doch es gibt einen wesentlichen Unterschied: Störungen aus dem propalästinensischen Lager werden in der Regel von aktivistischen Gruppen organisiert. Diese sind nicht nur laut, sondern scheuen auch oft vor Gewalt nicht zurück. Die Absagewelle von Veranstaltungen mit propalästinensischen Stimmen geht hierzulande häufig auf staatlich geförderte Institutionen zurück. Diese Dynamik verhindert, dass wir Kontroversen öffentlich und konstruktiv führen können.

Voltaire wird der Satz zugeschrieben »Ich missbillige, was Sie sagen, aber ich werde bis zum Tod Ihr Recht verteidigen, es zu sagen« – wahrscheinlich war es seine Biografin, die ihm den Satz in den Mund legte. Nun, egal wer das gesagt hat: Wir vermissen diese Haltung in der aufgeheizten Nahostdebatte.

In den vergangenen Wochen erlebten wir an verschiedenen Orten Diskussionen, sei es bei einer internen Schulung für ein Kulturhaus, in dem die Mitarbeiterschaft seit dem 7. Oktober zerstritten ist, bei einer öffentlichen Lesung auf dem Schlachtfeld der FU Berlin oder in einer islamischen Gemeinde in Herne für ein Gespräch über jüdisch-muslimischen Dialog.

Manchmal verliefen die Debatten harmonisch, und manchmal erlebten wir Gegenwind bereits bei der Ankündigung. Als wir Ende Januar im Literaturhaus in Berlin auf einem Podium saßen, kamen häufige Zwischenrufe aus dem Publikum wie zum Beispiel: »Eine Lüge, dass Zivilisten am 7. Oktober umgebracht wurden!«, und eine aufgewühlte Teilnehmerin brach in Tränen aus. Sie warf uns vor, kein Mitgefühl mit Palästinensern geäußert zu haben. Es liegt in der Natur dieser polarisierten Debatte, die kaum Grautöne zulässt, dass der gegenteilige Vorwurf auch schon gegen uns erhoben wurde. In einer Schulung zeigte sich eine Teilnehmerin genervt: »Ich dachte, wir werden hier über Antisemitismus sprechen. Die ganze Zeit höre ich von euch, wie schlimm das alles für die Palästinenser ist.« Wir wissen, dass man nie alle zufriedenstellen kann. Und ja, wir prüfen uns auch selbst, was wir womöglich falsch gemacht haben.

Aktuell beneiden wir Museumsdirektoren, Intendanten und Universitätsleitungen nicht. Sie sind massivem Druck einerseits von der Politik und andererseits von Aktivisten ausgesetzt. Deshalb sollten sie Boykottforderungen ablehnen, egal aus welcher Richtung sie kommen. Wenn sie einknicken, hat dies nicht nur Konsequenzen für die jeweilige Institution, sondern für unsere Demokratie, die sich dadurch auszeichnet, dass Kontroversen nicht nur zugelassen, sondern ausdrücklich erwünscht sind.

Anfang statt Ende

Familienerweiterung in Krisenzeiten

Es ist bald so weit bei uns. Jeden Tag kann der Nachwuchs kommen. Stress und Freude prägen unsere Gedanken. Während wir beim ersten Kind die ganze Checkliste streberhaft abgearbeitet haben – Geburtsvorbereitungskurs, Schwangerschaftsyoga und Ausstattung des noch Ungeborenen bis zu seinem fünften Lebensjahr – waren wir dieses Mal etwas weniger organisiert. Wir versuchen, das nun im Endspurt nachzuholen. Die Tasche für das Krankenhaus ist fast gepackt, das Beistellbett ist endlich aufgestellt und der Notfallplan, wer sich um das große Kind kümmert, mit den Großeltern durchgesprochen. Nur noch die Anmeldung im Krankenhaus erledigen und diesen Text schreiben – dann kann das Kind kommen.

Der vorerst letzte Urlaub vor zwei Wochen fühlte sich wie ein temporärer Abschied von unserem bisherigen Lebensstil an. Wir sehnten uns nach Sonne und Strand, doch darf man hochschwanger ja nicht fliegen. Also haben wir uns mit der regnerischen niederländischen Küste zufriedengegeben. Kurz bevor es losging, drückte uns eine Freundin den neuen Roman *Zwischen uns und Morgen* von Peter Zantingh in die Hände. »Das Buch wird euch gefallen«, versicherte sie. Beim Lesen unter der Wolldecke in der Ferienwohnung wurde uns klar, was sie meinte. Es geht um einen jungen Vater, der seiner Frau mit dem ICE durch das überschwemmte Ahrtal hinterherfährt. Mal explizit, mal subtil stellt sich im Roman die Frage, warum ein Baby in diese Welt gesetzt wird, in der eine Naturkatastrophe die nächste Krise jagt. Wieso haben wir uns diese Frage nicht gestellt? Sind wir naiv oder verdrängen wir einfach nur die Realität? Offensichtlich haben andere (potenzielle) Eltern besser aufgepasst. Eine aktuelle Studie zeigt, dass die Geburtenrate in Deutschland in den vergangenen beiden Jahren deutlich gesunken ist. Mit 1,36 Kindern pro Frau steht sie gegenwärtig auf dem niedrigsten Stand seit 2009. Schuld daran sind sicher auch die vielen Krisen: von der Pandemie bis zum Krieg in der Ukraine. Anfang letzten Jahres hat Robert Habeck davor gewarnt, dass Zwanzigjährige heute wegen der Klimakrise überlegen würden, ob sie überhaupt Kinder kriegen wollen.

Wir sind längst nicht mehr zwanzig und für uns ist es jetzt sowieso zu spät. Die Entscheidung für die Familienerweiterung ist schon gefallen. Also bleibt uns nichts übrig, als uns im Zweckoptimismus zu üben. Es ist bestimmt nur eine Phase, versuchen wir uns gegenseitig zu versichern. Die nächsten Generationen werden es schaffen, unseren Planeten zu retten und nebenbei noch den Weltfrieden zu schließen. Oder im Zweifel ihren Lebensmittelpunkt auf den Mars zu verlegen. Jede Generation muss schließlich die Versäumnisse und Katastrophen der vorherigen Generation ausbaden. Das gilt auch für die Kinder des Jahrgangs 2024.

Mit diesen und anderen unproduktiven Gedanken vertreiben wir uns nun die Zeit in unseren vier Wänden und verlieren langsam die Geduld. Dabei gehen wir uns gelegentlich selbst auf die Nerven. Als Frau gibt es gute Gründe, angestrengt zu sein: Übungswehen, Rückenschmerzen und permanentes Unwohlsein. Als Mann ist man zu kaum etwas nutze. Der Beitrag zur Schwangerschaft beschränkt sich auf Einkaufen, Teekochen und Einüben empathischer Mimik – auch wenn man keinen blassen Schimmer hat, wie es der werdenden Mutter geht. Ob wir es zugeben wollen oder nicht: Die Biologie bestimmt aktuell unsere Realität. Emanzipation und Gleichberechtigung machen spätestens vor dem Kreißsaal halt. Weder können die Geburtsschmerzen gleichberechtigt aufgeteilt werden noch das Stillen. Auch wenn die Last so unfair verteilt ist, beschäftigen uns ähnliche Fragen, was die Zukunft betrifft. Ist jetzt mit Freiheit und selbstbestimmtem Leben endgültig Schluss? Wie geht es weiter mit Vollzeitjobs und zwei Kindern? Wer nimmt wie lange Elternzeit? Da wir diese Fragen schon beim ersten Kind beantworten mussten, machen wir uns keine Illusionen. Es wird herausfordernd, aber: Augen zu und durch.

Wir wissen: Es ist Jammern auf hohem Niveau. So schlecht geht es uns wirklich nicht. Weder in Israel noch in Pakistan gibt es Mutterschutz und eine zwölfmonatige Elternzeit. Woher kommt dann das Image, Deutschland sei kinderfeindlich? Der schlechte Ruf hat seine Berechtigung, das wissen wir aus eigener Erfahrung. Es beginnt damit, dass man permanent das Gefühl hat, als Familie mit Kleinkind eine Störung zu sein. Kinder werden im Alltag eher toleriert denn gewünscht oder willkommen geheißen: die Blicke im Restaurant, wenn das Kind das Besteck auf den Boden wirft; die verdrehten Augen im Bus, wenn das Baby schreit; oder aber die Ratschläge von Fremden im Supermarkt, wenn sich der Zweijährige im Wutanfall auf den Boden schmeißt. Und wir sind schon oft mit dem Kleinen ICE gefahren, haben wir bisher nur einmal einen Sitz im Familienbereich ergattert. Gerade einmal 2,5 Prozent der Plätze sind für Familien ausgewiesen und die sind meistens blitzschnell ausgebucht. Dafür bekommen die Kinder kleine Spielzeugautos und -züge im Bistro. Immerhin. Übrigens: Es war schön, im Urlaub in den Niederlanden zu sehen, dass es in Restaurants großzügig ausgestattete Spielecken gab. Noch schöner wäre es, wenn diese kinderfreundliche Einrichtung nicht kurz vor Aachen enden würde.

Auch aus unseren Herkunftsländern kennen wir es anders als in Deutschland. Es beginnt damit, dass Kinder überall präsent sind: In Pakistan liegt die Rate bei etwa 3,4 und in Israel bei 3,1 Geburten je Frau. Mehr als ein Drittel der Bevölkerung in Pakistan ist unter 15 Jahren. Die Pakistaner sind aber nicht einfach nur besonders kinderlieb – für die meisten sind Kinder ihre Absicherung im hohen Alter, denn es gibt keine staatliche Rente oder Krankenversicherung. Und viele wissen es einfach nicht besser: Verhütung und sexuelle Aufklärung sind noch immer heikle Themen, obwohl heimische Experten immer wieder vor der anstehenden Belastung der nächsten Generationen warnen. Die religiöse Propaganda darf bei dem Thema natürlich nicht fehlen: Jedes Kind würde die Weltgemeinschaft der Muslime stärken. Die Vorstellung, dass viele Kinder das Kollektiv stärken, ist auch in Israel verbreitet. Der Konflikt mit den Palästinensern und den arabischen Ländern würde nicht nur militärisch, sondern auch demografisch entschieden. Der Anführer der Palästinenser Jassir Arafat verkündete in den 1990er-Jahren gar einen »Krieg der Gebärmutter«. Es ist aber nicht nur der Konflikt mit den Nachbarn, der Israel an die Spitze aller westlichen Länder geführt hat, was die Geburtsrate angeht. Mit jedem Baby wird das Weiterbestehen des jüdischen Volkes nach dem Verlust von sechs Millionen im Holocaust sozusagen kompensiert – ist die Vorstellung vieler. Ganz vorne bei den Geburtenzahlen stehen die ultraorthodoxen und orthodoxen Juden, aber auch säkulare Familien haben viele Kinder. Im kürzlich erschienenen Buch *The Genius of Israel* stellen die Autoren Dan Sanor und Saul Singer fest, dass es in Israel einfacher als anderswo ist, Eltern zu sein: Die Strukturen im Arbeitsmarkt und im gesellschaftlichen Leben sind an Familien orientiert. Das Familienkonzept, basierend auf drei Generationen, bietet enorme Unterstützung bei der Kinderbetreuung. Nicht nur an hohen Feiertagen, sondern jede Woche am Freitag kommen alle zum Shabbat zusammen, was die Autoren als »Thanksgiving every week« bezeichnen.

Doch nicht immer läuft das Familienleben so perfekt, wie Sanor und Singer schreiben. Die israelische

Soziologin Orna Donath warf in ihrer Studie ein Licht auf Frauen, die es bereuen, Mutter geworden zu sein. Mit dem Ausdruck »Regretting motherhood – Wenn Mütter bereuen« beschreibt sie ein Phänomen, das – wahrscheinlich weltweit – immer noch als Tabu gilt. Viele der befragten Israelinnen fühlten sich eingeschränkt: Zwar liebten sie ihre Kinder, doch verabscheuten ihre Mutterrolle. Sie sagten: »Die Mutterschaft hat meinem Leben nichts hinzugefügt, außer Schwierigkeiten und Sorgen.«

Interessanterweise löste die israelische Studie 2015 besonders in Deutschland eine rege Debatte aus, die über Monate unter dem Hashtag #regrettingmotherhood auch in sozialen Medien ausgetragen wurde. Sogar eine Studie wurde über das Phänomen hierzulande durchgeführt. Und im Roman *Mädchen für alles* der britisch-deutschen Autorin Charlotte Roche wurde es literarisch aufgegriffen. »Die Diskussionen übers Muttersein sind in Deutschland so erdrückend«, sagte Roche. Schnell verschob sich aber die Debatte: Statt über das Bereuen der Mutterschaft als Gefühl zu sprechen, wurde der Hashtag dafür genutzt, um über die (Un-)Vereinbarkeit von Beruf und Familie und mangelnde Kitaplätze zu diskutieren. So beklagten Frauen, die wegen ihrer Kinder zu Hause bleiben, dass sie oft sowohl belächelt als auch bemitleidet werden. Frauen, die sich neben Kindern auch für eine Karriere entscheiden, berichteten davon, häufig als Rabenmütter abgewertet zu werden.

Auch wenn der Alltag mit Kindern oft frustrierend und nervenaufreibend ist, bedauern wir die Entscheidung nicht, Eltern zu werden. In späten Nachtstunden, wenn die eine keine gute Schlafposition findet und der andere aus Solidarität wach bleibt, spekulieren wir drüber, wie das Kind wohl sein wird – sein Aussehen, seine Persönlichkeit. Wir können nicht ahnen, welche Welt er erleben wird. Es ist sicherlich nicht rational zu erklären, doch das Gefühl ist für uns einzigartig, einem Menschen das Wichtigste geben zu können, das es gibt: das Leben.

Shukriya und Toda

Dank

Seit etwa drei Jahren schreiben wir die Kolumne »Muslimisch-jüdisches Abendbrot«, die zu diesem Buch geworden ist. Entstanden ist sie bei einem Mittagessen mit Sandra Kegel und seither wird sie von ihr in der *Frankfurter Allgemeinen Zeitung* sorgsam und klug betreut. Ohne die Unterstützung von Familie und Freunden wäre sie nicht möglich. Auch die Ideen und Impulse unserer Freundin Eva Berendsen regen uns immer wieder an. Wir danken Franziska Günther und Martin Breitfeld für die Begleitung auf dem Weg zum Buch. Am allermeisten sind wir den Großeltern unseres Sohnes dankbar, Nano & Nanajaan, die durch die liebevolle Kinderbetreuung das Schreiben an Wochenenden und Feierabenden möglich gemacht haben.

Inhalt

FSC
www.fsc.org
MIX
Papier | Fördert gute Waldnutzung
FSC® C083411

2. Auflage 2025

© 2024, Verlag Kiepenheuer & Witsch GmbH & Co. KG,
Bahnhofsvorplatz 1, 50667 Köln
Alle Rechte vorbehalten
Die Nutzung unserer Werke für Text- und Data-Mining
im Sinne von §44b UrhG behalten wir uns explizit vor.

Covergestaltung Marion Blomeyer / Lowlypaper
Gesetzt aus der Odile und der Sifonn Pro
Satz Buch-Werkstatt GmbH, Bad Aibling
Druck und Bindung CPI books GmbH, Leck
ISBN 978-3-462-00742-8

Kontaktadresse nach EU-Produktsicherheitsverordnung:
produktsicherheit@kiwi-verlag.de